梦山书系

幼儿园家长工作
沟通问题50例

王 哼◎主编

海峡出版发行集团 | 福建教育出版社

图书在版编目（CIP）数据

幼儿园家长工作沟通问题50例/王哼主编．—福州：福建教育出版社，2017.9（2024.3重印）

ISBN 978-7-5334-7856-8

Ⅰ.①幼… Ⅱ.①王… Ⅲ.①幼儿园–家长工作（教育）Ⅳ.①G616

中国版本图书馆CIP数据核字（2017）第217675号

You'eryuan Jiazhang Gongzuo Goutong Wenti 50 Li
幼儿园家长工作沟通问题50例
王哼 主编

出版发行	福建教育出版社
	（福州市梦山路27号　邮编：350025　网址：www.fep.com.cn
	编辑部电话：010-62027445
	发行部电话：010-62024258　0591-87115073）
出 版 人	江金辉
印　　刷	福州万达印刷有限公司
	（福州市闽侯县荆溪镇徐家村166-1号厂房第三层　邮编：350101）
开　　本	710 毫米×1000 毫米　1/16
印　　张	14
字　　数	168千字
插　　页	1
版　　次	2017年9月第1版　2024年3月第11次印刷
书　　号	ISBN 978-7-5334-7856-8
定　　价	35.00 元

如发现本书印装质量问题，请向本社出版科（电话：0591-83726019）调换。

目 录

她在家不是这样的　　　　　　　　001
孩子喜欢挑食　　　　　　　　　　006
我不喜欢睡觉　　　　　　　　　　010
水痘，你从哪里来　　　　　　　　015
只有一个奶粉桶　　　　　　　　　019
分不开的"磁铁"　　　　　　　　024
座位风波　　　　　　　　　　　　028
让老师带孩子　　　　　　　　　　033
由"接送卡"引发的冲突　　　　　037
一个电话　　　　　　　　　　　　041
是谁剪了我的彩圈？　　　　　　　046
都是小伤疤惹的祸　　　　　　　　050
幼儿园不是小学　　　　　　　　　055
开心就好　　　　　　　　　　　　059

"特别"的你	063
蚊子叮咬了两个小包	068
欣欣哭了	072
打人事件	076
屁股和滑梯	080
一个血泡	084
老师,我跟你说件事儿	088
该不该有作业	092
算命不可信	096
惹祸的沙池	100
"无底洞"来啦!	104
怎么又要带东西?	108
真会"省事"的幼儿园	113
有用的百宝箱	116
我不想上幼儿园了	120
贝贝为什么不开心	124
照片里没有我儿子	128
"画影子"引发的风波	133
一张月饼券	137
怎么又换老师	141
餐费上涨	144
你听说过"100-1=0"吗?	148
分班风波	153

家长会上的意外	157
画在耳朵里的画	161
小小又拉裤子了	166
乐乐脱臼了	170
佳佳摔伤了	174
活动中的小失误	179
一条长长的红痕	184
大宝，你今天拉裤子没有?	188
懂事的明明	193
投其所好	198
"不安全的"幼儿园	203
要不要帮助别人	207
不是你想的那样	211

她在家不是这样的

湖北省丹江口市太山庙小学　高由国

案例描述：

一天早上，刚走进幼儿园，媛媛奶奶领着媛媛来到我面前，说媛媛早上在家里无理取闹，不好好吃饭，还乱扔东西，每天需人喂饭、穿衣，还没礼貌、时常发脾气，感觉管教媛媛太累了，同时也抱怨教师没有把媛媛教育好。

我在安慰媛媛奶奶的同时，想到媛媛在园里的表现：聪明、乖巧、对老师有礼貌、与小伙伴团结，虽然生活自理能力差一点，但也没有乱扔乱放东西。

我耐心听完媛媛奶奶的诉说和抱怨，首先肯定了她对幼儿的关心与照顾，然后当着奶奶的面对媛媛早上的行为进行了批评，告诉媛媛无论在园还是在家都要做一个有礼貌的好孩子。乖巧的媛媛马上对奶奶说了声"对不起"，之后我与媛媛奶奶进行了交流。趁此机会，我又与媛媛奶奶谈了一些有关家园共育的问题，提醒她以后爱幼儿要换个方式，幼儿自己能完成的事情尽量让幼儿自己做，千万不要包办代替她做事情，要锻炼幼儿的动脑动手能力，家园一起培养幼儿的自理能力和良好的行为习惯。最后，媛媛奶奶心悦诚服，高兴地离开了幼儿园。

案例分析：

媛媛的父母都在外地打工，媛媛的学习和生活都由奶奶照顾。幼儿在家在园表现不一，是什么原因呢？媛媛已经上大班了，家长喂饭、给她穿衣服，对她自理能力及性格培养都没有好处，以至于她养成了任性、以自我为中心的坏习惯，不会整理自己的东西。在园里，教师教育幼儿们自己的事情尽量自己做，媛媛只好自己做了。媛媛奶奶在我的耐心引导下，认同了我的观点，保证今后一定配合教师培养幼儿的生活自理能力，并在日常生活中引导幼儿克服一些不良习惯。家长应改变教育方式，不再对幼儿娇生惯养、包办一切，鼓励他们自己的事情自己做，对于幼儿的进步，家长需及时和教师交流，教师也要经常问幼儿在家的表现，以便及时督促提醒。相信一段时间之后，幼儿的自理能力会有大幅度提高。

指导策略：

一、纠正家长育儿观，科学育儿

现在留守幼儿较多，隔代教育的问题相当突出。幼儿小，可塑性强，模仿性强，是非辨别能力差，如果不刻意去培养幼儿良好的行为及性格，仅靠幼儿自己是很困难的，再加上家长的处处纵容、娇惯和溺爱，对幼儿无原则地迁就，就造成了幼儿任性。作为家长应该教育幼儿、关心幼儿，而不应该溺爱幼儿，事事包办代替。这样做一方面影响了幼儿应有能力的发展，另一方面滋长了他们过分的依赖心理，易使他们缺乏进取心。家长应注意，幼儿能做的事，决不包办代替，要信任幼儿，积极创造条件，锻炼幼儿的能力和自觉性。对幼儿早期的自立能力培养就像一粒种子，决不能等到收获的季节才匆匆忙忙地想到播种，而是应该赶在生命的春天就有意识、有计划地培育，并坚持施肥、浇灌，才能使其很快发芽、生根并茁壮成长。所以，对于幼儿坏习惯的养成，家长负有不可推卸的责任，家长应从自身做起，时时注意自己的言行，起到良好的示范作用。

幼儿总有一天要自立于社会，自立于人生。从小培养幼儿自己的事情自己做，自己的东西自己管，自己的生活自己安排，就能增强幼儿行动的独立性、目的性和计划性，这对于幼儿今后的生活无疑有很大的帮助。由此及彼，由小及大，从小养成良好行为习惯，对他今后各方面能力的发展具有关键作用。

二、采用正面教育，鼓励幼儿，让其感受父母对他的期望

作为家长，在教育幼儿时，要以正面教育为主，让其感受父母对他的期望。家长不妨利用"罗森塔尔"效应，充分相信幼儿，给予幼儿信任，不吝啬赞美，多给幼儿鼓励，这样幼儿既能感受到家长殷切的期许，又明白了自己应当努力的方向，良好的习惯何愁不能养成？

三、保证家庭和幼儿园教育的一致性

作为教师，在幼儿的成长过程中，对其良好行为及性格的培养，也起着非常重要的作用。然而在日常工作中，教师不可能时时处处注意每一个幼儿以及他做的每一件事，更不可能对他做的每一件事都作出评判，这就要求家园共

育目标要一致，遏制幼儿不良习惯的形成。家长与幼儿园相互配合、密切联系，是保证幼儿教育一致性的重要方法。家长要了解幼儿园的作息制度和生活常规，幼儿回到家以后，家长不能放纵他们为所欲为，应尽量按照幼儿园的纪律来约束幼儿，持之以恒，形成合力，使幼儿把教师、家长的要求变为自觉的行动。

教师在幼儿心目中是权威的象征，幼儿们期待着教师和伙伴的认可。家长可利用幼儿的这种心理特点，把幼儿在家中的表现客观地反映给教师，或者在有必要的情况下请教师帮忙教育。当幼儿有进步时，要及时表扬，使其充分体验到成功的喜悦，这样有利于幼儿养成良好的习惯和优良品格。

四、家庭内部协调一致

现在很多年轻的父母要上班，隔代教育、保姆抚养的情况不少见，不同的人在教育幼儿方面有自己不同的见解，容易造成教育的无序和混乱。即使没有其他抚养人的介入，在对待幼儿的问题上，年轻的父母也可能有教育上的异议。有些聪明的幼儿会利用这些不统一达到自己的目的，如果不想要一个任性、无管束的孩子，年轻的父母首先要让家庭成员教育观念协调一致，不要让幼儿的祖父母、外祖父母过分溺爱幼儿，或者干涉父母对幼儿的教育。

祖辈教育观念比较滞后，常常固执于自己的生活经验，接受新事物较慢。这样会影响到孩子创新意识的发展和创新个性的形成。在与孩子相处时，他们不善于运用科学的、有创造性的方式引导孩子。如果祖辈与父母在教育孩子的观念和方法上出现分歧，进而引发矛盾，不仅破坏家庭和睦，也会给孩子的成长带来不利影响。

当两代人在教育孩子的问题上发生分歧时，最好不要当着孩子的面发生冲突。孩子虽小，但当他看到家庭成员之间出现分歧时，他就会聪明地钻空子。这不仅对改正他的行为毫无益处，反而会导致他的问题越来越严重，甚至带来其他更多的问题。另外，家庭成员之间发生冲突，不和谐的家庭氛围会带给孩子更多的不安全感，对孩子的心理发展产生不利影响。

家长与祖辈在教育孩子的问题上应当多沟通，相互学习，取长补短，充分利用隔代抚养与父母抚育的各自优势，两代人经常探讨孩子的培养方法，家庭内部协调一致，为孩子创造一个和谐开放的家庭教育环境。

孩子喜欢挑食

黑龙江省八五六农场幼儿园　丁相娜

案例描述：

大博是一个可爱、幽默的小男孩，但是在每天的用餐时间，让教师很头疼，因为大博是一个挑食严重的幼儿，几乎所有的蔬菜都不吃。吃饭的时候坐在那里看着其他小朋友吃，自己一口也不动，不管教师怎么说，他坚决不"妥协"，还每次都说："奶奶说我喜欢吃什么就吃什么，这个我不喜欢。"教师也拿他没有办法，多次和他的奶奶沟通都没有结果。

一天，大博的爸爸和奶奶一起来接他，我和他们沟通了幼儿的饮食问题，奶奶说："他在家也不吃蔬菜，就喜欢吃肉，而且一点肥肉也不吃……"

爸爸说："老师，我们说什么他根本不听，你给我们好好管管，得让他多吃蔬菜。"

奶奶不等我接话，就插话说："有的东西我也不吃，放在嘴里就觉得恶心，大博不吃就别强迫他。"

"只吃肉是不行的，这样营养不均衡，会影响幼儿的身体发育。"

但是奶奶却不依，爸爸跟她在一边争论起来，正好身边有一个幼儿因为挑食营养不良，手脚的指甲都要脱落了，我把这个幼儿领过来，让大博的奶奶看，奶奶看后小心地问："挑食真有这么严重啊？"我点点头说："对孩子有害无益。"于是奶奶的态度发生了一百八十度大转弯，赞同了教师和爸爸的观点。

案例分析：

现在，好多家庭都是"4+2+1"模式，爷爷、奶奶、外公、外婆加上爸爸、妈妈，一起照顾一个幼儿，幼儿成了家里的"小皇帝""小公主"，说不得、碰不得。大多数年轻人上班没有时间带幼儿，老人把幼儿"宠上了天"，自己不说也不允许别人说，教育观点严重不统一的现象让教师夹在中间很为难。从这个案例中我们不难看出，祖辈家长因为溺爱幼儿而无法正视幼儿存在的问题，在老人的眼里幼儿做的一切都是对的，放任幼儿想怎样就怎样，只要幼儿高兴就好，错把"放任"当成"爱"，往往这样的家长也会缺乏对教师的信任，这就需要教师帮助家长认识到"爱"与"放任"的区别，使他们了解过分溺爱幼儿所带来的危害。此案例还存在一个问题，就是家庭的教育观点不一致，这也是导致幼儿任性的原因之一。

指导策略：

一、统一教育观点，陪伴幼儿健康成长

家庭教育对幼儿的影响是不可估量的，统一家庭教育观念对幼儿的健康成长是非常必要的，也是家园合作的前提和保证。在这个案例中，幼儿的奶奶和爸爸观点不一致，导致教师很难开展工作。但在实际生活中，幼儿是由奶奶带，奶奶对"爱"的理解有偏差，错把"放任"当成是对幼儿的"爱"，而爸爸妈妈能够正确认识"爱"，但很少管幼儿。所以教师要沟通的对象必须是直

接教育者——奶奶，要从根本上改变奶奶的育儿观点，才能够达到沟通的实效性。

首先，教师要找到突破口，从幼儿的父母入手，引导幼儿的爸爸妈妈多抽时间陪伴幼儿，家长可以利用故事、图片、视频等资料引导幼儿，使其明白挑食是不对的，给幼儿讲解挑食的危害，让幼儿自己意识到挑食会给身体带来哪些危害，也在潜移默化中影响奶奶对此事的看法。

其次，丰富家长的育儿知识，让奶奶意识到问题的严重性。教师要观察每一位家长对待幼儿的情况，利用好每一次沟通的机会，转变家长的教育观念。利用好各种通信手段和板报宣传，向家长宣传科学的育儿知识。不能过分溺爱幼儿、放任幼儿，要学会对幼儿说"不"，不要做幼儿的"妥协者"。

二、肯定幼儿一点一滴的进步，给家长吃一颗定心丸

为了发挥教师和家长的合力作用，教师要想办法和家长在情绪、情感、意识和行动上保持高度一致。和家长沟通要讲究技巧，抓住家长的心理，因为每个家长都望子成龙、望女成凤，都希望听到教师说自己家孩子好。在这个案例中，因为每次幼儿都是奶奶接，之前教师和幼儿奶奶沟通都没有效果，这次看到爸爸，没有注意场合，直接反映幼儿严重挑食的现象，这让奶奶心里不舒服，才会造成不必要的麻烦。如果教师能够先和家长反映一下幼儿在各方面的进步，幼儿得到了教师的肯定，心里有些安慰，那么再沟通问题就会轻松很多，也会更有效。在反映幼儿存在的问题时，家长也会易于接受，可以更好地配合教师的工作。

三、不断提高自身专业素质

沟通是一门艺术，和家长沟通是幼儿教育工作的重要组成部分，想要做好家长工作，每一位幼儿教师都要不断地提高自己，学会认真观察，了解每个家长的心理，对症下药，不断提高自身的综合业务素质，得到家长的信任，适时地给家长一些帮助，转变家长的育儿观念，使家长正确地爱幼儿，真正做到家庭和幼儿园通力合作，培养健康、积极向上的幼儿。

我不喜欢睡觉

山东省滨州市滨城区教育实验幼儿园　王翠玲

案例描述：

今天中午值班，成成在活动室转来转去不肯上床。教师问他："成成，你为什么不上床？"他说："我最讨厌的就是睡觉。""可是不睡觉下午你会困的，这样你还会影响其他小朋友。""我就是不喜欢，我在家里也不睡觉。"他一会儿在玩具区，一会儿又去看图书，就是不肯上床睡觉。教师看到他实在不愿意上床，就对他说："宝贝，你在床边看会儿书，等会儿再上来睡好不好？"成成点点头。大约20分钟后，大部分小朋友都睡着了，成成上了床，他在床上滚来滚去，嘴里还嘟嘟囔囔。教师劝说了几句，他不高兴了，开始与教师大吵起来。旁边还没有睡熟的小朋友被成成的喊声吵醒了。教师看幼儿们被吵醒很着急，但不管教师怎么劝成成都不管用，最后教师只好让成成去阅读区看书了。就这样成成中午没有午睡。晚上接幼儿离园时，教师告诉了成成的妈妈成成没有午睡的原因。可没想到第二天，成成的姥姥送成成来园时说："昨天晚上成成说中午老师骂他了，哪有这样的老师！"教师觉得哑巴吃黄连有口难辩，很显然成成姥姥对老师产生了很大的误会。

案例分析：

成成个性非常强，而且有逆反心理，平时在班里表现还可以，就是不喜欢睡觉，也不喜欢接受别人的建议，经常与教师顶嘴，脾气特别大，有时候还会大哭大叫。尤其当教师不能满足其需要的时候，成成会出现过激行为，而且从来不会道歉，自尊心特别强。

教师通过和家长沟通了解得知，成成从小由姥姥带大，姥姥对成成非常溺爱，在这样的环境下成成养成了许多不良习惯。今天成成姥姥的误解应该是只听了成成一面之词，然后信以为真，从而造成了误会。

指导策略：

一、家长方面——多沟通、重传授、贵坚持

1.主动联系。

首先，教师应及时、主动地联系家长，将事件情况客观详细地告知家长。在交流的过程中，教师应本着负责、真诚的态度进行。同时，教师应向家长说明幼儿的行为对其他幼儿的影响，取得家长对教师工作的理解与支持。如案例中，教师事后主动、及时地和成成的姥姥进行交流，让姥姥了解了事情的经过，也知道成成的行为不仅影响到了班内幼儿，而且给教师的工作也带来了麻烦，从而赢得了姥姥的支持与理解，并使姥姥积极和教师达成一致，决定共同教育成成养成午休的好习惯。

2.向家长传授教育经验。

教师向家长介绍幼儿在园入睡的方式，引导家长在节假日也尝试利用轻音乐、讲故事等方式引导幼儿入睡。逐渐安抚幼儿的情绪，慢慢地让幼儿适应并喜欢这种入睡的方式，相信坚持一段时间，成成会不那么强烈地排斥午休。

3.坚持最为关键。

做什么事情都贵在坚持，教师应引导家长坚持。每当周末时，教师可以通过QQ、微信、电话等方式，了解成成在家的情况，以便于周一来园，及时地给予幼儿肯定与表扬，增强幼儿的自信心。

二、幼儿方面——多谈心、建自信、重教育

1.个别谈话。

教师适时地与幼儿聊天，可以及时了解幼儿的心理发展动态。通过聊天教师还可以帮助幼儿改掉平时不容易改掉的不良习惯。虽然有时候教师与幼儿的谈话内容比较幼稚，但是能够让幼儿感觉到，他与教师是平等的，幼儿的心里会有一种愉悦感，从而拉近了幼儿与教师的距离。

2.建立自信。

教师应抓住集体教育的机会，让幼儿一起来发现成成的闪光点。在寻找闪光点的过程中，幼儿感受到了大家的支持与信任，自信心也会逐步建立起来。这样幼儿在这一过程中也会感受到集体的快乐，并且潜意识里会意识到影响或破坏集体的事情不能做，会自发地培养自律意识。

3.注重集体教育。

当成成出现这种行为时，请其他小朋友一起来说说这样做对不对，因为幼儿已经有一定的辨别是非的能力。通过大家的讨论，成成会明白哪些事情能做，哪些事情不能做，让小朋友们帮助成成爱上午休，教师最后还可以趁机介绍午休的好处。

三、教师方面——多关心、讲方法、树威信

1.顺应幼儿的情绪。

这是一种心理学方法。对于叛逆期的幼儿，你对他的行为越是反对，他越会故意做一些事情来发泄，激怒对方，这样双方就会陷入僵局。但是教师如果接受了他的行为，平静地接受他的反抗情绪，幼儿就会感觉如一拳打到棉花上，使不出力，从而转变态度，与教师好好沟通。

2.转移幼儿的注意力。

针对成成的叛逆，不爱睡觉又与教师争吵，教师采用了延迟其上床睡觉时间的方法，比如通过看书等转移幼儿的注意力，等其他幼儿的情绪稳定之后，再让成成上床，安抚其情绪，让其安静午休。

3.多尊重关心幼儿，与幼儿达到情感共鸣。

对待这种叛逆期的幼儿，教师更要学会尊重和关心他们，这样才能与幼儿达成情感的共鸣。成成是一位很容易发脾气的幼儿，所以对他要包容，然后再晓之以理，讲述午睡对身体的好处。

4.抓住幼儿的兴趣点。

帮助幼儿养成良好习惯，是幼儿园教育的一个主要任务。在教育的道路上会产生这样那样的状况，幼儿的叛逆心理是随着年龄的增长逐渐产生和改变的。成成不喜欢午休是长时间以来形成的习惯，改变不是一朝一夕的事情。教师应通过与幼儿聊天、讲故事等方式，舒缓幼儿午休的紧张情绪，让幼儿逐渐接受午休并形成习惯。而且教师要善于抓住幼儿的兴趣点，以此形成与幼儿的共同话题，让幼儿逐渐喜欢与教师聊天，慢慢地接受午睡的习惯。

5.在幼儿心目中树立教师的威信。

教师在幼儿们心目中是非同寻常的，教师要注意自己的一言一行，真正做到让幼儿心服口服。若想在幼儿面前树立好教师威信，教师须做到言出必行、奖罚分明、公平公正，既要和幼儿建立亲密的合作伙伴关系，又要对幼儿严格要求。

综上所述，遇到类似情况，教师应该：

（1）及时和家长沟通，取得家长的支持与理解。

（2）向家长介绍好的育儿经验，用教师的专业化教育技能向家长传授好的教育方法。

（3）幼儿教育不是一天两天的事情，贵在坚持。只有形成习惯，我们的教育才能得心应手。

（4）学会从内心接受和包容幼儿的行为，让幼儿感受到教师对他的关心和爱护。

（5）在幼儿心目中树立起教师的威信，让幼儿萌发对教师的崇拜之意。

（6）兴趣是最好的老师，抓住幼儿的兴趣点，转移幼儿注意力。

（7）注重集体教育带来的功效，引导幼儿之间形成互相学习、互相帮助的好风气。

水痘，你从哪里来

江苏省无锡市善德幼儿园 方 芳

案例描述：

周一早晨，幼儿在有序地进行晨检，楠楠爸爸一脸怒容、浑身酒气地冲到了幼儿园门口，嚷嚷着要见园长。由于担心吓到晨检的幼儿，楠楠爸爸被门口的保安和行政值班教师给拦住了，一起来到就近的保健室询问原因。结果原因还没有问出来，楠楠爸爸就开始掀桌子砸键盘，在他咄咄逼人的吼声中教师了解到，原来楠楠得了水痘，楠楠爸爸怀疑是在幼儿园传染的，一定要幼儿园给一个说法。为了稳定楠楠爸爸的情绪，行政值班教师第一时间联系了园长和楠楠的班主任，大家都安静地坐下来了解了事情的前因后果。班主任教师在第一时间联系了楠楠的妈妈，随着楠楠妈妈的到来，事件平息了下来。楠楠妈妈连忙和园长、班主任为楠楠爸爸酒后的不良行为道了歉，并拉着楠楠爸爸回了家。

经调查，当楠楠被确诊为水痘后，楠楠妈妈第一时间联系了班主任，班主任上报到保健室进行登记，并通知楠楠妈妈出水痘应注意的事项，然后要求幼儿在家隔离21天，21天满后需要去儿童医院进行复诊，带着复诊病历到社区医院开具复课证明后才可以来园。谁知楠楠爸爸认为水痘是被幼儿园其他幼儿传染的。通过楠楠妈妈的帮助，酒醒后的楠楠爸爸认识到了自己的错误，为自己的无理取闹表达了歉意。

案例分析：

幼儿的健康时刻牵挂着父母的心，楠楠爸爸本就因幼儿生病心情不佳，加之喝了酒情绪非常激动，因此有了这一事件。家长如有任何问题，可以及时联系班主任进行沟通和了解，再提出自己的看法，一起商量。单纯的闹事不仅会给班主任和幼儿园造成一定的负担，而且一点都解决不了问题。面对情绪非常激动又醉酒的楠楠爸爸，班主任及时请来沟通比较容易的楠楠妈妈是非常好的策略，一方面避免了事件的进一步扩大，另一方面在家园沟通上更顺利，双方平心静气才更加有利于问题的解决。

指导策略：

一、让家长了解幼儿园传染病应急措施

水痘，属于急性传染性皮肤病。它的传染性易导致家长恐慌，这就要求幼儿园在各种传染病高发期间，加强晨检，一旦发现幼儿有发热、皮疹、水泡等情况，应立即告知班主任请家长带幼儿去医院就诊，做到"五早"原则：早发现、早报告、早隔离、早诊断、早治疗。经医院确诊后，为了防止水痘在幼儿园进一步扩散和蔓延，保健室要第一时间通知各班班主任和班级保育员，做好每个班级的消毒工作，并及时制定、实施传染病应急消毒措施。每一份玩教具、每一张桌椅都应一一消毒杀菌，并放置在阳光下曝晒；每一个活动室、盥洗室、午睡房以及各班合用的公共区域，都应定时打开门窗通风，改善室内空

气的质量；暂停各班公共区域的一切活动，改为各班级的活动，以杜绝传染病的进一步传播。

二、对于患传染病幼儿的相关处理举措，提前让家长明白流程

安全卫生工作是家长工作非常重要的一部分，教师在每学期的家长会上可提前告知幼儿园的相关制度，以免真正面临的时候家长措手不及。如关于传染性疾病的隔离措施：根据当地卫生部对幼儿园的规定，凡是患有传染性疾病的幼儿必须从发现之日起就诊确认后21日内在家进行隔离，满21日去三甲医院复诊，确诊康复后再去社区医院开具复课证明，上交幼儿园保健室后正式复课。

三、在一日生活中对幼儿潜移默化地进行卫生教育

幼儿期是人一生的启蒙阶段，更是养成良好卫生习惯的关键阶段。教师可运用自己的智慧，将各种良好卫生习惯的内容渗透融入幼儿的一日生活当中，利用小游戏、小故事、歌曲、图片、动画、言传身教等方式的影响，让幼儿在潜移默化中注意个人卫生，逐渐培养良好的卫生习惯。比如饭前便后记得洗手，感冒打喷嚏朝着没有人的方向或者用纸巾捂住口鼻，掉在地上的食物直接扔进垃圾桶，不抠鼻子、不咬指甲，等等。

四、家园配合，对家长每月派发安全保健宣传材料

保健室可定期给家长分发保健宣传材料，比如传染病的预防与应对、多

吃蔬菜水果的好处、家庭卫生注意事项等内容。但是有小部分家长拿到宣传材料扫一眼后随手一扔，给幼儿做出了坏的榜样。有专家在指导要点中指出："社会学习是一个漫长的积累过程，需要幼儿园、家庭和社会密切合作、协调一致，共同促进幼儿良好社会性品质的形成。"家长是幼儿的第一任教师，更应以身作则，潜移默化影响幼儿。和幼儿共同阅读保健宣传材料并一起遵守，不仅仅有了快乐的亲子时光，在幼儿的心中更是形成了讲卫生、讲文明的深刻印象。同时，家长要和教师同步教育，配合教师教育幼儿多进行体育锻炼，增强免疫力，生活有规律，制定一套家庭中的卫生习惯要求，家长和幼儿一起学习，一起遵守。

只有一个奶粉桶

北京市大兴区旧宫镇第一中心幼儿园　韩　玲

案例描述：

小班幼儿经过一个月的时间已经适应了幼儿园的生活，为了促进家园共育工作的顺利开展，促进家长与幼儿亲子感情的增进，展现幼儿园的教学风采，幼儿园组织了一次亲子活动。早晨，幼儿们拉着家长的手早早来到幼儿园，通过一系列的活动，终于到了区域活动时间。有的幼儿拉着爸爸妈妈进了美工区，给他们看自己画的画；有的进了娃娃家，让爸爸妈妈看看自己怎么照顾小宝宝；有的进了拼插区，让爷爷奶奶看自己拼插出来的小玩具……家长都在幼儿身边，教师们也很放松，活动井然有序地进行着。

然而过了没多久，只听娃娃家传出了哭声，巡逻教师赶紧跑过去，看到小宇奶奶指着维维说："你怎么打人呢！"老人的声音激动又高亢，维维被吓哭了，维维妈妈也不甘示弱："是你们先跟我们抢玩具的！"两个家长谁也不让谁，别的家长也七嘴八舌地议论着。教师见状，赶紧蹲下把两个正在哭的幼儿搂在怀里安抚，其他教师则去和家长沟通，组织其他家长与幼儿继续活动。

经过询问得知，原来小宇和维维都想给宝宝喂奶粉，可是奶粉只有一桶，维维先拿到，小宇就去抢，在抢的过程中维维用奶粉桶打了小宇的额头，有些红肿。教师赶快请来保健医生对红肿处进行冰敷处理，并安抚好两个幼儿的情绪，告诉他们打人是不对的，抢玩具也是不对的，如果下次喂奶粉可以轮流喂，不能抢，两个小家伙知道错了，互相道歉后，又一起高高兴兴地玩起来。可是两个家长却没有这么好协调，小宇奶奶不肯罢休，维维妈妈不肯低头。在教师们耐心劝说下，维维妈妈先松了口，说女儿打人是不对，决定道歉并说回头给被打的小宇买个小礼物，可小宇奶奶还是不肯松口，还嚷嚷着要给小宇转园，不得已，我只能给小宇爸爸打电话，在小宇爸爸电话劝说下小宇奶奶才消了气。

案例分析：

1.家长态度分析。

小宇的父母平时工作忙，大部分时间孩子都由爷爷奶奶带，父母与幼儿相处的时间少，奶奶把他当小皇帝一样宠着，含在嘴里怕化了，捧在手里怕摔了，容不得半点差池；而维维也是如此，一家人都围着她转，俨然是个小公主，维维妈妈更是为了她辞掉工作。现在很多家庭溺爱幼儿，不允许幼儿受一点点挫折、受一点点委屈，这在家庭教育中是一种错误的表现。家长想把最好的给幼儿，希望他们在成长的路上走得平稳，却忽略了磕磕碰碰也是成长，交往中的矛盾冲突也是成长，这需要教师多向家长宣传正确的育儿理念，让幼儿从交往的冲突中学会如何正确地与人交往。

2.事件处理分析。

这件事情，教师是有责任的。在组织亲子活动时，教师考虑不周，管理不当，认为家长在场，就过于放手，造成幼儿之间起了冲突没能及时制止。事故发生后教师的处理方式是正确的，分工明确，配合得当：一名教师及时询问幼儿，查看伤口，安抚幼儿情绪；一名教师安抚家长情绪，避免家长再起冲突；还有一名教师组织班内其他家长和幼儿活动，不让这场风波影响到整体活动。作为教师，我们有义务保障幼儿的安全，促进幼儿的发展，我们应该在组织每一个环节的活动时尽可能考虑得更细更全面，保障幼儿安全的同时实现发展目标。出现事故时，要及时采取正确的处理方式，及时和家长沟通，不能产生畏难情绪，客观地对待事实，分析家长性格及家庭关系，必要时，根据幼儿家庭关系共同协调来规避矛盾。

指导策略：

一、第一时间采取行动，为解决矛盾争取主动

冲突事件一般产生于幼儿交往过程中，其结果可能是伤害性的（如抓伤、咬伤、碰伤等），也可能是非伤害性的（如受到干扰）。幼儿在园发生了同伴冲突事件，家长最关心的是幼儿是否受到了伤害，因此教师需要在第一时间采取行动，将对幼儿的伤害降到最低，也要在第一时间通知家长，教师对事件的处理情况会直接影响到家长的情绪，从而影响到事件的解决。本案例中，风波发生时，幼儿双方家长都在场，教师第一时间安抚家长情绪并查看幼儿伤情，给家长以心理安慰，为矛盾解决争取了主动权，让矛盾得以在短时间内化解。

二、了解事件始末，思考沟通策略

冲突事件发生后，在及时处理了幼儿的伤情之后，教师要详细了解事件始末，并对后续可能发生的情况有所预判。这样教师才能更好地使用一些策略去处理问题，引导家长面对问题，协助家长解决问题。此外，教师在知晓原因、理解冲突的前提下，还要积极帮助幼儿认识到问题，以促进其成长，而不是被动地等待家长的质问，这将为之后良好的沟通奠定基础。

三、换位思考，学会倾听，构建良好的家园关系

如今，幼儿园教师趋于年轻化，许多教师尚没有为人父母的体验，有的即便做了母亲，由于思考问题的角度不同，在与家长沟通时也常常难以达成共识。如果教师换个角度想，受伤的是自己的孩子，那就能理解家长的心情了，在处理问题时，语气自然也就会委婉些。这就要求教师从家长的角度去体会做父母的心情和需求，能换位思考，会控制自己的情绪，以确保取得更好的效果。在处理家长关系中，我们需要正确看待冲突，把它当作个人成才和专业发展过程中的考验。学会倾听家长建议，有助于构建良好的家园关系。

教育幼儿是我们的职责，帮助家长科学育儿也是我们的义务。家长工作的根源是幼儿，所以我们要从幼儿着手解决"源头"问题，了解班级里的每一个幼儿，消除家长工作的盲点。

四、鼓励幼儿尝试自己独立解决冲突，为家长沟通工作提供便利

幼儿年龄小，他们幼小的心灵还很脆弱也缺乏经验，对成人的依赖特别强，碰到问题时无法自己解决，常常依赖教师的帮助来解决问题。教师可以尽可能地引导幼儿自己解决问题，信任幼儿有能力处理好，并冷静、客观地观察

与了解。做到既关注幼儿的冲突，又尽量不进行干预，而是让冲突自然地发展，自然地解决。在幼儿自己解决问题时，还可以同时结合礼貌行为教育，引导他们学习使用"对不起""没关系"等礼貌用语。

其实，幼儿的矛盾冲突基本都是小摩擦，家长之所以紧张，有很大一部分原因是觉得幼儿小，怕幼儿受欺负，但如果幼儿能自己解决冲突，家长会慢慢学会放手，帮助幼儿成长。

分不开的"磁铁"

浙江省宁波市第一幼儿园 张 琼

案例描述：

下午离园时间到了，本应该是幼儿在自己座位上安静做活动的时间，但是晟晟一不留神跑着离开了座位，并且说了句："来呀，皓皓我们一起来看！"皓皓也跟了过去，试图玩打闹游戏，我当即发现并将两个幼儿分开，并请皓皓坐在我身边拿出书来自主阅读，这一切皓皓的爷爷全都看到了。

就在这时候，晟晟的妈妈领着晟晟走在我面前，问："老师，晟晟的鼻子是怎么回事？"我回忆起早晨晟晟和皓皓在自由活动时间因为玩打闹游戏受伤的事情，正打算解释时，皓皓的爷爷不甘示弱地说："刚刚晟晟还跑过来打我们皓皓呢。"双方家长开始各自庇护自己的孩子，谁也不肯示弱，眼看"一场风波"不可避免。

案例分析：

所谓"孩子是父母的心头肉"，幼儿受伤是家长最不愿意看到的，哪怕只是一条小伤痕都很可能引起家长对幼儿园的不满情绪。案例中双方家长都不甘示弱，都认为自己的孩子没有错，而且是在离园的时间当着众多家长的面发生的争执。幼儿受伤的情况如果因为家长的介入而变得矛盾激化甚至上升，不仅会影响幼儿与同伴的相处，还会影响其他家长的情绪，最终不利于家长工作的开展。这时需要教师及时介入，安抚双方家长的情绪，道明事实，并给出合理的教育建议。面对激动的家长，教师要冷静、有条不紊地与之沟通。

处理这个案例，教师应更多地运用自身的专业知识，无论是及时化解家长的激动情绪，还是给出合理的建议，都离不开教师平日里对幼儿的点滴观察和细心照顾。发生意外，及时处理和化解，是稳定家园工作的保障，因此教师应处理好当下，放眼于未来，渗透到日常，这是一条不能分割的"纽带"。

指导策略：

一、"理"应及时

1.营造氛围。

既然双方家长情绪都比较激动，不妨先请家长移步到安静的办公室，双方都坐下来。从人来人往的走廊、教室门口或教室里，换到舒适安静的场所，很大程度减少了噪声，一杯水可以帮助家长稳定情绪，营造一种交谈的氛围，而不是争吵的紧张感，同时隔离其他家长，避免事情的负面影响。

2.中肯关切。

教师应保持微笑，同时用不卑不亢的态度反映事实。此时需要借助教师的威严，至少不能胆怯，不能因为家长的激动情绪而一味退让，如果双方家长都愿意听教师讲述，那么说明家长的情绪有所缓和，这个时候是反映事情的最佳时机。

3. 专业指导。

之所以说是"分不开的磁铁"，是因为晟晟和皓皓玩打闹游戏上午已经发生一次，离园时间又发生了一次。教师应抓住幼儿"社会交往"的发展，和两位家长探讨，给出适当的建议，比如晟晟经常处于无所事事的状态，无法静下来自己阅读，会找一些愿意和他玩打闹游戏的男孩子一起玩，而皓皓则不喜欢有人打扰，但是如有人干扰他看书、画画，他也会毫不示弱去干扰别人，所以我们不妨从幼儿的社会交往来和父母解释。

二、"理"而有据

1. 家园一致。

在教师的建议下，双方家长会看到各自孩子的不足，同时也认识到幼儿社会交往方式不当会引发伤害。家长和教师经过谈心式的互相了解和沟通，把幼儿在园和在家的情况对比之后，家园达成一致，通过近期持续关注的方式，帮助幼儿社会性发展。

2. 同伴效应。

同伴间的学习与成长是家长和教师没法替代的，因此大班的幼儿遇到这样的事情，教师可以和幼儿一起来探讨："今天发生了这件事情，你们是怎么看的？谁不对呢？我们接下来可以怎么做呢？"幼儿就会找到一些问题的关键，如"他们在教室里跑，这是不可以的，会受伤的"等，更重要的是和幼儿"约法三章"，探讨如果有人犯规了怎么办，找到一种幼儿认可的方式进行后果惩罚，以此建立良好的安全警戒。

三、"理"在细节

1. 细微之处见方法。

教师的关注点不应仅仅是伤口,这是关心幼儿的一个小细节,同时应更多观察幼儿的一日行为轨迹,当幼儿情绪亢奋的时候尤其需要提高警惕;当两个幼儿出现追逐和打闹的"苗头"时,一方面进行分离,另一方面及时安排幼儿做一些力所能及的事情,比如皓皓近期在绘画时比较安静,教师可以借助绘画、手工等活动吸引皓皓的注意力;而晟晟对雪花片搭建比较专注,不妨提供一些雪花片给他。多观察幼儿的情绪,多准备些幼儿们感兴趣且保持专注的活动,他们减少追逐打闹的行为。

2. 家庭教育见智慧。

幼儿的教育光靠教师在园的时间是不够的,更重要的是家长平日的家庭教育。晟晟和皓皓是不同的个体,两人的行为模式也是完全不同的,因此家长的教育方式也不同。教师在解决了双方的矛盾之后,更重要的还是要家长对自己的孩子各自采取不同的教育方式。此时教师不妨就幼儿园观察幼儿的实例,让家长看到自己孩子的更多行为细节,激发家长的教养智慧,同时也可以推荐家长阅读相关资料,以便更好地帮助家长,保持良好的家园互动。

座位风波

江苏省盐城市大丰区实验幼儿园　陈亦程

案例描述：

刚参加工作没多久，我就在教室与一位家长产生了矛盾。那天早晨，我刚到幼儿园，一位幼儿的爷爷气势汹汹地跑来质问我："为什么我的孙子总是坐在后面？难道说中间的孩子都是贵族吗？"当时我就懵了，刚开学我曾考虑过幼儿的座位问题，为了公平起见，每两周我都会将幼儿的座位进行交换，以保证每位幼儿都能享受中间的座位。我刚要开口解释，这位爷爷猛地把幼儿抱起来坐在了最中间的位置，并且大声呵斥我说："我告诉你，我家孩子就要坐这里，你今天要是不给我调位子，我就坐在教室里不走了！"也许是我刚参加工作没有太多与家长沟通的经验，又或者是当时那位爷爷太过无理蛮横，我没有再做过多解释，而是去请了幼儿园的保安，请他把这位爷爷带出去，因为陆陆续续地已经有很多孩子进了教室，甚至还有个别幼儿被这样的情景吓哭了。保安来后，随即又叫来了当天幼儿园的总值，经过总值的沟通，那位爷爷才起身离开。

这位爷爷回去之后又将此事告诉了自己的老伴，也许奶奶害怕老师会将气撒在幼儿身上，去找了园长。经过园长的沟通，这位奶奶才放下心来。后来我又主动找到奶奶，跟她保证绝对不会对孩子有偏见，但是关于座位的事情希望他们能遵守班级规定，并理解老师的难处。奶奶一口答应了下来，我以为这件事会这样过去，但是第二天那位爷爷又跑到园长室"大闹天宫"，原因还是因为害怕我对他的孩子有偏见。

案例分析：

我是能够理解这位爷爷的心理的，老人家疼爱自己的孙子也是理所当然，但他这样一而再、再而三地闹，会让教师觉得疲惫。尤其现在的家长与教师产生一点点矛盾就会去告园长，而很多教师也害怕影响不好，就一次次妥协，助长了家长嚣张的气焰。但作为教师，我们有义务与家长、社会进行密切配合，保障幼儿的安全和发展，所以，在为家长考虑的同时，我们也要提高自身的专业水平，善于把握这种矛盾的变化，耐心做好家长的思想工作。

指导策略：

一、与家长沟通前要做好充分准备

首先，要掌握其家庭基本情况，如该家长的年龄、职业、文化程度、家庭成员等，这样有利于教师巧妙应对不同类型的家长。最好在开学之初，翻阅所有幼儿档案，把这些情况逐一掌握、记录。家长的文化水平不同，育儿观念也不同；有些幼儿是跟父母住在一起，有些幼儿是跟爷爷奶奶住在一起，等等，这些基本情况需要教师掌握，遇到事情可以有针对性地去想办法解决。

其次，教师要全面了解幼儿的喜好与最近发展区，因为教师与家长沟通时，家长不免会问有关幼儿的各方面情况。因此，与家长沟通之前，要对幼儿做全面的调查了解，做到"有备无患"。记得有一次，家长打电话问我："我的小孩，最近画画不知怎么样，他从小就不喜欢画画。"由于我是教音乐的，没有考虑那么多，就说："我教他音乐，他学得还可以，对于画画的情况不太了解……"虽然最后这位家长也没有怎么样，但是很明显我回答得欠考虑，或许遇到其他类型的家长结果就不一样了，同时这也给了我警示，应多关注幼儿，善于发现幼儿的需要，才能促进幼儿发展。

二、沟通应分场合，遇事迅速作出回应

在与家长沟通时，应注意场合。联系到那位爷爷当天的表现，或许因为有其他家长在场，爷爷表现得很激动，如果是和爷爷单独相处的话，或许不会有那么坏的结果，当爷爷最开始提出调座位时，我应该第一时间作出回应，把大事化小，会省去不少麻烦。所以，当家长主动与教师沟通时，千万不能因为觉得这件事是小事就去怠慢家长，甚至不理会，应迅速作出回应，以宽慰家长。

三、以退为进，掌握好尺度

1.面对情绪激动的家长时，教师需以"退"来稳定其情绪，不能也以同样的态度去对待家长，否则将会令家长的情绪涨到最高点，若是在冲动的情况下，将会把家长和教师的处境双双推到最尴尬的境地。

2.要有同情心，不势利。幼儿家长的社会经济地位有高有低，教师在与家长的交往中要保持良好的心态。对社会经济地位较低、家庭贫困或有残疾的家长，要富于同情心，努力帮助他们；而对社会经济地位较高的家长，不能阿

谀奉承，更不能向家长提出各种不合理要求，否则将严重伤害幼儿及家长对教师的感情，同时也有损幼儿园形象。

3.要谦和，不要盛气凌人。教师与家长的地位是平等的，教师在与家长交往时，需谦虚谨慎，讲究礼貌，营造和谐的气氛，这样才能缩短双方的距离，家长才能敞开心扉，居高临下、盛气凌人的态度，往往会适得其反。

4.要尊重家长，不伤害家长的自尊。教师在接触幼儿家长时，不论家长年龄大小、社会地位和文化水平高低，都应本着尊重的态度。对于素质较高的家长，可就教育问题进行探讨，而对于文化水平较低的家长，可以给予具体的指导，促进家园和谐关系。

5.遇到不依不饶的家长，态度要坚定，原则性问题不妥协，同时也应积极主动采取恰当的沟通策略，找出问题症结所在，双方商讨解决的办法。另外，在要求家长的同时，也要从自身找原因，客观分析问题的症结所在，公正地评价幼儿的表现和家长的家庭教育工作。教师只有引导家长遵守幼儿园规章制度，并"以理服人"，才能真正地让家长理解并接受幼儿园的安排。

6.教师不要动辄就向家长告状他们的孩子表现如何差，更不要当众责备他们的孩子。可以在每天离园时主动与家长交流幼儿在园情况。

四、学会用"心"倾听家长

教师应多倾听家长的意见，虚心接受他们的批评和建议，以改进自己的工作。这样做也会使家长觉得教师可亲可近，从而诚心诚意地支持和配合教师的工作，维护教师的威信。

经过一系列反思，我主动去找爷爷进行了沟通，爷爷也认识到那天的情绪太过激动，诚恳地向我道了歉。其实，教师与家长的沟通是为了一个共同的目标，那就是教育好幼儿。共同的爱使家长和教师的距离拉得很近，使家园的交流更加自然、融洽。教师在与家长交流时，首先要理解、肯定家长良好的出发点，不要使家长有挫败感，同时要给家长一些帮助，使他们能够正确运用他们的爱去教育幼儿，使幼儿的社会性得到健康发展。

让老师带孩子

山东省淄博市高青县高城镇中心幼儿园　樊秀华

案例描述：

下午室内活动时间，王老师正在移动黑板上画画，小瑞突然摔倒在椅子旁，王老师连忙跑过去把小瑞扶起来，发现小瑞嘴巴里流出了血。王老师赶紧带小瑞去当地卫生院，同时电话告知小瑞爸爸，请家长也赶到卫生院。医生说是牙齿咬破了腮内侧，因有外力作用，伤口稍大，但不用缝合，只需要吃消炎药，勤用消炎水漱口。细问幼儿原因，原来小瑞和涵涵趁王老师在画画时，两人悄悄玩起了猫捉老鼠的游戏，感觉教师要回头，慌忙往座位上跑，结果相互撞在一起，小瑞摔倒了，脸部碰到椅子的一侧。小瑞爸爸知道是孩子自己的原因，一边数落幼儿调皮一边跟教师争着支付医药费（50元）。

第二天一早，王老师和另外一名教师买了牛奶和水果上门询问幼儿病况，小瑞妈妈态度还算可以，加上小瑞嚷嚷着要去幼儿园，王老师就和小瑞妈妈一起带幼儿来幼儿园，但谁知小瑞妈妈把幼儿送到班上后，直接去了园长室告状，说："小瑞这几天我就不管了，让王老师给带着吧，等腮完全好了再给我送过去。还有刚才我给小瑞称了体重，如果体重减轻就说明你们折腾了我孩子!"园长要留她好好谈谈,但她却不理,扭身就走了。后面的事情越来越棘手,小瑞妈妈什么都不听,邀约来园交谈,多次拒绝,最后在家长委员会的帮助下,事情才得以解决。

案例分析:

小瑞和涵涵都是大班幼儿,已经具备最起码的是非分辨能力,两人在活动课上趁教师回头之际悄然下座打闹,教师并没有玩忽职守;当时是涵涵和小瑞一起玩,涵涵没有推搡小瑞,两人发生碰撞属于意外;意外发生后,教师没有责备幼儿,而是第一时间带小瑞就诊,且通知家长到场,等等,教师在处理问题上没错。面对纠缠型家长,教师需要在沟通上面下苦心,除了分析事件的经过,还应改变其家长对幼儿教育观念的看法,做到科学、理性育儿。也可以约谈涵涵家长,跟涵涵家长一起去探望小瑞,大家坦诚布公谈一谈,能让双方家长理解和体谅对方,心里的结打开,才能友好相处。

指导策略:

一、尊重家长,有效沟通

《幼儿园教育指导纲要(试行)》(以下简称《纲要》)中指出:"家庭是幼儿园的重要合作伙伴。应本着尊重、平等合作的原则,争取家长的理解和主动参与,并积极支持、帮助家长提高教育能力。"要解决问题首先要进行沟通!然而沟通又是一个双向传递的过程,是家园共育工作中一种最重要的工作方法,如果沟通方式方法不得当的话,不但问题得不到解决,还会进一步使问题更加复杂化。关于沟通,可采用"三步走"工作策略:

（一）以尊重、平静的态度倾听家长的心声

身为教师的我们，应该本着宽容、大度、真诚和尊重的态度，努力营造一种轻松的谈话气氛，以平等的身份和家长去交流和沟通，目光柔和地注视着家长的眼睛，认真聆听家长的心声，因为倾听对方的任何一种意见都是对对方的尊重。过程中，回应家长的话语要注意顾及家长的感受，回应语句要尽量简短，不打断家长的话语，最好在家长诉说过程中教师运用点头或者语气词表示接受和认同，让家长感受到我们的真诚，从而达到沟通的目的。

（二）晓之以理，动之以情，消除家长疑虑，获取家长信任

只要消除了家长的疑虑、打开了家长的心结，就一定能获取家长的信任和理解。我们要告诉家长：幼儿园工作的重点就是在安全工作的基础上首先对幼儿进行保育工作，其次才是教育工作。家长能够把幼儿放心地交到教师手里，就是对教师工作的最大信任。

（三）让家长了解幼儿园的一日生活，帮家长学习更多、更科学的育儿知识

理论需要实践活动来支撑，幼儿园可采取家长会、亲子活动、家园共同欢度节日、家长开放日等多种形式，让家长走进幼儿园，充分了解教师的工作和幼儿在园一天的经历……幼儿园一日活动的顺利开展，是确保幼儿一日生活质量和幼儿身心健康发展、幼儿形成良好卫生习惯的重要保障。教师可以向家长讲授幼儿在一日生活中如何养成良好生活卫生习惯和正确的学习方法及科学的育儿知识，提高家长家庭教育的能力，同时，教师也要向家长了解幼儿在家庭生活中的具体表现……这样的家园协作才能更好地完成学习目标。

二、发挥家长委员会作用，保障家园工作顺利进行

新《规程》中明确指出："家长委员会的主要任务是：对幼儿园重要决策和事关幼儿切身利益的事项提出意见和建议；发挥家长的专业和资源优势，支持幼儿园保育教育工作；帮助家长了解幼儿园工作计划和要求，协助幼儿园开展家庭教育指导和交流。"

第一，家长委员会成员是幼儿园家长代表，让家长委员会成员参与幼儿园的决策和管理工作，可以增强幼儿园工作透明度，是幼儿园家庭教育和家长工作顺利开展的强有力保障；第二，让家长委员会成员充分发挥自身的资源优势，加大和扩展幼儿园与社会之间的联系，使幼儿园教育、家庭教育和社会教育更容易结合起来，更有利于形成幼儿健全的人格；第三，让家长委员会成员参与幼儿园的家庭指导工作，更能有效促进教师与家长之间的联系，提高解决问题和处理问题的能力。

三、家园一致，共促幼儿健康发展

新《规程》第五十二条明确规定："幼儿园应当主动与幼儿家庭沟通合作，为家长提供科学育儿宣传指导，帮助家长创设良好的家庭教育环境，共同担负教育幼儿的任务。"这就要求家园教育必须保持一致性，假设幼儿是一只小鸟，家长和教师就是幼儿的双翼，只有双翼协调，小鸟才会飞得更高。所以，只有我们家园携手，形成紧密的教育合力，才会更有效地促进幼儿的身心健康、全面和谐地发展，使幼儿终生受益！

由"接送卡"引发的冲突

山东省滨州市滨城区教育实验幼儿园　王翠玲

案例描述：

　　晚上离园环节，班内幼儿已所剩不多，毅毅是其中之一。一会儿门口执勤的老师打来电话说："有一位大爷，说是你们班毅毅的爷爷，没拿卡，非要进来接孩子，门卫师傅不让进，大爷急了和门卫吵起来了。"我接完电话赶紧赶到门口，看到一位大爷看上去非常生气，看到我就跟我说："我接送卡忘带了，你们这门卫师傅不让进。"其实，毅毅家就在我们幼儿园对面的小区住。我看了看大爷问他："大爷，那您身份证带了吗？"他说也没带，这种情况幼儿园是不允许把幼儿接走的。大爷情绪变得更加激动起来，不客气地说："你们这是什么幼儿园啊，孩子不让接，我要给教育局打电话举报你们。"看到大爷情绪这样，我说："大爷，您先消消气，我们幼儿园有幼儿园的制度，您说是毅毅的爷爷，但我们又不认识，咱们也是为孩子的安全考虑。"不管怎么说，大爷就是不听，我们给毅毅妈妈打电话，毅毅妈妈说正在下班的路上，一会儿拿接送卡去接孩子。没过多久，毅毅妈妈拿着接送卡来了，这样一场风波才算平息。

本以为，事情就这样结束了。可是到了晚上，园长打电话跟我说："今天毅毅的爷爷打电话来，说你们故意为难他，不让他接孩子。"我和园长讲清了事情的经过，可是大爷对我们幼儿园持接送卡接孩子的规定很不满意，认为教师就是在故意为难家长。

案例分析：

其实在幼儿园实施接送卡方面，碰到过不少类似的情况。有的家长有时忘记带接送卡，他们存在侥幸心理，不愿意回去再跑一趟，毅毅的爷爷就是其中之一。有部分家长总是站在自己的角度看待问题，认为教师是在故意为难自己，而不想幼儿园这样做是在保护全园幼儿的安全。对于家长的不理解，我们有时会觉得工作很难做，尽管这样，从全园幼儿安全出发，制度一定要遵守，所以，我们要想办法来帮助这部分家长转变观念，使这项工作能够顺利开展下去。保护幼儿的安全是家园双方共同的责任，我们有信心做好这项工作。只要我们心中树立"一切为了幼儿，为了一切幼儿"的思想，就一定能赢得家长的支持与配合。

指导策略：

一、取得家长的理解与支持，沟通交流是关键

1. 向家长介绍使用接送卡的好处。

近几年，幼儿园暴力事件层出不穷，因此抓好幼儿的接送制度非常关键。我们要告诉家长实施接送卡制度，是为了保障全园幼儿的安全，使家长们了解使用接送卡的目的，并列举一系列幼儿园接送事故，引起家长的重视。

2.多了解班内每个幼儿的家庭情况，做到心中有数。

对班内每位幼儿的家长接送幼儿情况要及时了解，哪些家长是非常配合幼儿园工作的，哪些家长是不太支持的，都要做到心中有数。这样便于我们在工作中有计划地开展家长工作。对于那些不太支持的家长，采取逐个交流、谈话的方式，引导家长了解我们所做的工作目的，用我们的爱心、诚心，真正地去感化家长，以达到家园共育的目的。

3.向家长讲清，使用接送卡接送幼儿必须遵守以下几个方面：

（1）每天来园离园时，请坚持使用接送卡，所以若家长忘记带卡了，不要存在侥幸心理，请自觉回家去拿，请家长理解我们都是为了幼儿的安全着想。

（2）请家长不要将卡放在门卫师傅那里，接幼儿时应自觉向门卫出示接送卡，不要每天都让门卫师傅提醒后再拿出。

（3）如果更换接送人，请提前告知教师，让教师做到心中有数，避免不必要的麻烦。

通过以上要求来规范我们的接送卡制度，也让家长意识到我们在工作中对待所有的家长都一视同仁，绝不是故意为难某一个家长。

二、幼儿方面

1.加强对幼儿的安全教育工作。

平时在班内教师要教育幼儿不管什么时候都不能跟陌生人走，增强幼儿的自我保护意识，可结合安全教育视频引导幼儿集体观看，教师进行教育。幼儿年龄小，有时他们很难分清陌生人和坏人之间的区别。我们在教育过程中，单靠说教是不行的，可以结合幼儿的年龄特点，采用模拟演练的方式，帮助幼儿更加直观地分辨陌生人与坏人的形象，从而提高幼儿的自我保护意识。

2.引导幼儿做好监督提醒工作。

教师利用日常教育活动，对幼儿进行教育，并请幼儿做好爸爸妈妈的监督管理工作。请幼儿在入园及离园环节提醒家长刷卡进入，这样不但培养了幼儿的任务意识，也慢慢地树立起家长的榜样示范作用。

三、严格要求自己，用心做好每件事

1.学会换位思考。

遇到这类家长时，我们首先不要着急，站到家长的角度多去想想家长接不到幼儿时的焦急情绪。

2.特殊情况特殊对待。

经过集中讨论，针对接送幼儿过程中出现的问题，发现有部分幼儿家庭中确实存在着利用一张接送卡接送幼儿不方便的情况。如有的幼儿早上是爸爸送，晚上是爷爷接，针对此类情况，考虑到特殊情况特殊对待，允许个别家庭可以加办一张卡，这样从根本上解决了家长的困惑，家园配合才能更加顺畅。

3.家园加强联系，促进共育。

发现问题并不可怕，只要我们从实际出发，找出问题的症结所在，并采取适宜的解决措施，相信没有解决不了的问题。家园共育非常重要，只要我们彼此之间多一分理解、多一分包容，我们的家园配合就会更加默契，我们的工作也会取得更大的进步。

一个电话

山东烟台莱阳市实验幼儿园　刘春华

案例描述：

离园时，幼儿们陆续被家长接走了，我也要准备下班了，这时手机响起来，是涵涵妈妈的电话，电话接通，只听涵涵妈妈说："刘老师，你现在说话方便吗？"语气不是很高兴。我走进小储藏室说："涵涵妈妈，您有事请尽管说吧。"涵涵妈妈说："刚才涵涵告诉我，说你们让她把吐出来的饭又吃了，你说你们老师怎么能这样做呢！"听到这儿，我有些愣住了，赶忙解释说："涵涵妈妈，今天我在洗手间观察幼儿冲洗盘子和杯子，看到涵涵把饭吐在了盘子里，让她倒进了垃圾桶，没有让她吃吐的饭呀，我们哪能那样做呢？"尽管我做了很多解释，但是家长那边根本听不进去，而是火气很大地说："反正你们不能那么做，涵涵嘴巴上有条小口子，说是老师打她了，不行我们就给孩子转园。"听到这里，我也有些着急，解释道："涵涵妈妈，我是批评涵涵了，也说过吐了也要吃掉，但确实没有让她吃，而且也绝对没有打她。"等放下电话，我转身到教室找宋老师，因为是宋老师负责幼儿吃餐点的，宋老师说她只是让涵涵把一些小点心渣渣吃完，但是涵涵都吐出来了，就让她去洗手间倒掉，并保证没有打幼儿。听宋老师这么一说，我心里稍稍放下了些，但问题是怎样做好家长工作，把这件事情处理好呢？

谁知，涵涵妈妈把这件事情与涵涵的爸爸说了，涵涵爸爸听了更上火，说一定要去找园长理论，并且还扬言要给幼儿转园，事情变得越来越复杂了。虽然说已经过了下班时间很久，但事情不能拖着，否则会让家长误会更深，我心里也不会安心。我连夜和宋老师来到涵涵家，买了点小礼物，这时的涵涵妈妈火气已经消了些，但是涵涵爸爸火气很大，还说了一些很难听的话，我只能重新还原事实，涵涵爸爸还是不相信，就让涵涵当着我们的面说，这次涵涵说没有把吐出的饭吃了，也说老师没有打他，涵涵爸爸生气地问："你刚才怎么不这样说？"涵涵吓得不敢吭声。

解除误会，从涵涵家出来，我感到有些疲惫，但心里的那块大石头终于落下来了。

案例分析：

这位家长还是比较有素质的家长，知道与教师沟通要找一个方便的地方，但这位家长过于听信幼儿的话，而且没有弄清楚事情的真相就把这件事情与涵涵的爸爸说了，让事情越来越复杂。但是作为教师，我们得先从自身找原因，涵涵一直对于吃晚点不太喜欢，我们平时为了让每个幼儿养成好好吃晚点的习惯，就拿一个标准去要求幼儿，这个也是不对的。如果我们把幼儿用晚点的习惯早早与家长沟通一下，根据幼儿一些饮食习惯来要求涵涵，或者观察再细致一些，及时发现涵涵嘴巴上的小口子，在离园时与家长交流一下，误会或许就不会发生了。教师行为的可贵之处就是及时去幼儿家解除误会，尽管得到了涵涵父母的刁难，但最终还是化解了误会，接下来要做的就是巩固家园关系，使之更和谐。

指导策略：

一、教育幼儿应注意言辞，避免伤害幼儿心灵

在日常生活中，教师是幼儿模仿的对象，学习的榜样。教师的一言一行、一腔一式甚至某种口头禅，幼儿都非常敏感，乐于模仿，因此教师在说话时应注意分寸，不要把生活中的坏习惯带入幼儿园。教师在说话时更应尊重幼儿，避免说些伤害幼儿的话，有些话可能会伤害到幼儿的自尊心，给幼儿心灵带来消极影响。

二、用真诚打动家长，建立信任

1.学期刚开始，教师与家长初次接触时，不可避免地会有些生疏和不了解，那么教师应主动与家长沟通，了解幼儿的家庭情况和幼儿喜好等，并向家长展示幼儿园的活动开展计划及要求，从而让家长了解幼儿园，了解教师的教育理念和教育方法，配合教师工作。当家长对教师有误会时，首先要从自身找原因，思考自己的教育方法是不是正确，是否不太了解幼儿家庭教育情况，是否与家长沟通交流得太少，等等，端正了态度，然后要开诚布公和家长沟通，分析原因，并共同寻找解决问题的方法，让家长感受到教师的责任心，从而建立信任。

2.作为教师，要有一颗宽容、大度的心，不管遇到什么样的家长，一定要沉着冷静，认真倾听，尊重理解，并诚心待人。在与家长沟通时，要正确看待教师与家长的关系，不能只站在一个教育者的角度与家长沟通，和家长讲一

大堆教育理论，却没有实实在在的行动，比起讲道理，看得见的结果更能打动家长。也可以通过教育随笔，记录幼儿日常生活中的童言稚语和有趣行为，与家长一起分享幼儿的成长，拉近彼此间的距离。当需要家长配合工作时，教师应采用商量的口吻，征求家长的意见，而不应该是命令式的口吻，导致疏远家园关系。

三、尊重家长，正确评价幼儿

教师在家长面前评价幼儿时，要用积极的态度多肯定幼儿的点滴进步，让家长体会到教师对幼儿的用心，然后在充分肯定幼儿进步的基础上，再向家长提出合理的建议，以及需要改进和提高的地方。

四、不同类型的家长采取不同的沟通策略

1. 撒手不管型——多沟通。

这部分家长认为教育是幼儿园的事，与父母无关，好坏都是幼儿园的责任，平时对幼儿园提出的教育要求也是不理不睬、不配合、不支持，而且由于工作繁忙，很少接送幼儿，一旦出了问题就会把责任推给教师。对于这样的家长，我们要通过各种方式与他们交流沟通，而且沟通时要讲究及时性和实效性。针对他们时间有限的情况，教师尽量采取预约的方式与之交流，在预约时教师要提前做些准备，对幼儿的情况进行分析，与家长就幼儿的发展做全面交流。以积极的心态鼓励家长在幼儿身上多些关注，以真情打动家长，使其能克服困难，更为积极、主动地和教师携手共育。

2. 溺爱包办型——多引导。

这部分家长出于"爱"幼儿，对幼儿听之任之，有时候使教师的工作非常被动。对于这样的家长，我们一定要多引导，平时邀请他们多参加家庭教育讲座、家长沙龙活动等，让他们学习到先进的教育理念，改善他们的教育方法，从而赢得家长的理解、支持和积极配合。

3. 理智信任型——多参与。

这类型的家长通常比较配合，能信任幼儿园，积极正确引导幼儿，对幼儿园的工作积极完成，是家园共育较理想的伙伴，教师要以友好的态度、足够的热情回应家长，及时对他们的意见、要求做出反应。可以真诚请这部分家长为家园共育的工作出谋划策，使他们以独特的视角、角色成为幼儿园可贵的教育资源。

苏霍姆林斯基说："两个教育者，学校和家庭不仅要一致行动向儿童提出同样的要求，而且要志同道合，抱着一致的信念，始终从同样的原则出发，无论在教育目的上、过程上，还是手段上，都不要发生分歧。"因此，幼儿园与家庭之间必须保持良好的沟通，在幼儿的健康成长、和谐发展上树立共同的教育目标，搭建起一座家园沟通、合作的桥梁。

是谁剪了我的彩圈？

山东省荣成市虎山镇中心幼儿园 梁建玲

案例描述：

新学期开始，周一早晨，轩轩外公带轩轩来到幼儿园，见了教师说的第一句话就是："你看轩轩的裤子让谁给剪了，这是怎么回事？"我看了看幼儿的裤子，黑色裤子上有许多彩色的圆圈，而在膝盖上面的位置缺少了一个圆圈。我正打算问轩轩怎么回事，轩轩外公却激动地说："不用问孩子，她说不知道，不要什么事情都问孩子，孩子能知道什么？"

我解释说："您先别生气，我们上周五在幼儿园没有做手工，孩子们没有用剪刀，不可能剪掉裤子。"

"是你们做手工时，正好需要圆圈才剪掉的，我去找你们园长给我调查，否则我要上告。"轩轩外公说着就去找园长了，没头没尾地吼了一会儿，园长答应他先调查一下，再给予回复。

首先，园长和轩轩谈了谈心，然后问她怎么回事，轩轩说是周六早晨，她一直没有起床，外公外婆都去做饭了，她自己拿剪刀把圈圈剪下藏起来了。

"那为什么不告诉外公外婆圈圈是你自己剪掉的？"园长轻轻问。

轩轩低着头小声说:"我害怕姥姥批评我。"

然后就发生了今天早晨这一幕。

案例分析:

这个事件在家园沟通过程中经常出现,也是造成家园矛盾的主要原因,很多家长只听幼儿一面之词,不去调查事情的真相,盲目地到幼儿园找教师质问。轩轩外公在本次事件中认为,教师做手工时缺少圆形彩圈作为材料,趁幼儿不注意时把彩圈剪下,说明家长对教师缺乏基本的信任。在日常工作中只有与家长适时地沟通,取得家长的信任,家长才会放心把幼儿交到我们手中。园长与轩轩的谈话至关重要,她走进了轩轩的内心世界,轩轩喜欢小朋友、喜欢教师、喜欢做手工,可是外公不让她做她喜欢的事情,她只好偷偷地剪掉一个彩圈藏起来备用,这也充分说明轩轩的家庭教育存在不少问题。轩轩生活在这样的家庭环境中,家长"限制"了轩轩的自由,直接扼杀掉了幼儿很多能力的发展。教师需要与轩轩的外公外婆沟通,更正他们的育儿观,让轩轩做自己想做的事情。

指导策略:

一、告知限制幼儿发展的后果

在幼儿个性的发展中,有一个重要的方面是独立性的发展。如幼儿自己吃饭、自己穿衣服、自己做些力所能及的事情等,幼儿在这种独立活动中体会到自身的力量和活动的兴趣,提高自信心,自理能力随之增强。反之,如果成年人限制了幼儿的独立需要,幼儿的独立活动的机会就减少,自理能力就减弱。因此,培养幼儿的独立性就是要给予幼儿充分的活动自由,让幼儿尽量做力所能及的事，鼓励幼儿在自由游戏、探索中发展自我。

有些父母往往有意无意地为幼儿选择朋友，限制幼儿的交往自由。他们代替幼儿的思维、代替幼儿的分析，把幼儿推到了孤立的地位，使幼儿产生依赖性，没有自己的主见，缺乏自信心，缺乏独立面对问题和解决问题的能力，什么事情都找父母解决，父母的行为阻碍了幼儿社会性技能的发展。作为父母，应尽量为幼儿提供和小伙伴交往的机会，让幼儿通过自己独立结交朋友、在与其他小朋友玩耍的过程中发展社会交往技能。

正如佛教创始人释迦牟尼曾经这样问他的弟子："一滴水怎样才能不干涸？"弟子们回答不出来。释迦牟尼说："把它放到大海里去。"是的，一滴水的寿命是短暂的，但当它汇入海洋，它就将获得永生。人也是如此，他必须能融入集体，有较强的交往能力才能在竞争激烈的社会上立足，反之，则会处处吃亏。

二、增强信任，加大家园互信的力度

家庭是幼儿园重要的合作伙伴。在尊重、平等、合作的基础上，争取家长的理解、支持和主动参与，充分利用家长资源，实现家园互动和合作共育，是幼儿园家长工作的关键。在家园合作中，最重要的是建立互相信任的合作关系，这其中离不开教师真诚、用心地与家长进行交流与沟通。

首先，在学期初，教师可以把幼儿园的教育理念以及育儿观与家长分享，即使是一个非常小的环节，家长也会为之所动。从一件件的小事中，让家长感受到教师的工作态度以及教育幼儿的耐心，给家长建立安全感，取得他们的信任与支持，让他们放心把幼儿交给教师，从而积极配合教师工作。

其次，日常工作中要与家长保持联系，教师可以通过QQ、电话、微信等方便快捷的方式，把幼儿在园表现情况不定时地反映给家长，与家长交流幼儿的优缺点，对家长育儿及时给予帮助和指导，加大家园互信力度。幼儿在幼儿园出现问题后，教师应在第一时间与家长取得联系，较为清楚、准确、客观地描述事情的经过，争取得到家长的谅解，从而避免误会的产生。与家长沟通的过程中，教师要善于倾听，为家长创造发表自己意见和想法的机会，成为家长亲密的伙伴。

教师根据近期的教育目标，通过QQ群、走访等多种形式，定期邀请家长参与幼儿园的各项活动，让家长亲身经历活动的全过程，客观地了解幼儿在活动中的表现及能力发展，更好地促进幼儿的个性发展，共同担负起幼儿教育的任务。家园沟通工作貌似平常，却时时充满挑战，处处潜藏问题。作为教师，面对每个幼儿背后若干个学历、职业、修养、个性各不相同的家长，要采用不同的沟通策略，保证沟通的有效性。

信任是架设在教师与家长之间的桥梁，沟通是人与人之间、人与群体之间思想与感情的传递和反馈的过程，教师应相信家长沟通的真诚性，家长也应相信教师良好的出发点，彼此坦诚相待，达到双方的共同目的——为了促进幼儿身心和谐发展。

都是小伤疤惹的祸

宁夏银川市第一幼儿园 郭莉萍

案例描述：

丫丫是一名聪明的中班女孩，语言表达能力强，但爱看脸色、好钻空子，让教师有些头疼。一日晨间接待，丫丫妈妈怒气冲冲地找到主班老师说："女儿受到了侵犯，有男孩常摸丫丫的屁股。"教师大为吃惊，坚定地说不可能，但丫丫妈妈准确地说出了男孩的名字。教师当场叫来男孩，男孩否认有过此类行为。教师遂向丫丫妈妈解释："男孩虽好动，但应该不会这么做，即使有类似行为，也是年幼导致的无意识行为，我们以后会加强留意。"但丫丫妈妈对此答复并不满意，要求将丫丫转到隔壁班，称不转班就退园。教师答应帮忙询问转班事宜，并将此事报告年级组长，得到"无法办理"的回答后，当晚联系丫丫妈妈，并委婉建议丫丫继续来园，教师多加留意。此后，丫丫连续几日没有来园，家长也未办理退园手续。一周后，丫丫妈妈领着丫丫来到班里，要求丫丫向老师道歉。原来经过深入了解，得知丫丫是因为不知屁股上的一道小伤疤从何而来，担心被责备，就谎称是班里的"小霸王"抓的。主班老师接受了丫丫和妈妈的道歉，丫丫重新回到了班里，一场风波就这样平息了。

案例分析：

这是一起典型的家园敏感问题冲突，虽然误会一场，并未造成太大的不良影响，但真正的矛盾并未解决。如果真的发生了幼儿被侵犯的事件，教师的处理方法能否推动事件向良性发展？主班教师看似进行了积极协调，调查了当事人（被指男孩）、询问了转班事宜（满足了家长要求）、进行了事后沟通（给家长打了电话），可结果仍然是"丫丫连续几日没有来园"。及至事情的解决，也是家长"深入了解"的结果，教师并未发挥太大的作用。倘若丫丫家长没有进行深入了解，该教师的解决方法将直接导致"丫丫退园"，这不只是涉及个别幼儿，更反映出教师专业素质亟待提高，若不加以重视，甚至可能影响到园所的发展。面对这样极易造成较严重后果的敏感性冲突，教师为什么会采取这样的应对策略？

1. 教师个人情感的影响。

事后园长询问带班教师，该教师说："丫丫虽然聪明，但很会看脸色，丫丫妈妈也属于'事多型'家长。"可以看出，无论丫丫还是丫丫妈妈都被教师贴上了"不好惹"的标签，有了这样的情感预设，教师就很难对丫丫妈妈产生同理心，因而缺乏相应的情感交流，教师对事件的消极应对易让丫丫妈妈产生受到轻视的感觉，从而会激化矛盾。

2. 脆弱的家园信任关系。

教师作为幼儿最主要的教育者之一，应时刻为建立和谐的家园关系而努力，一味的逃避和应付只会造成家园信任的缺失。案例中的家长情绪激动，语气生硬，一方面是焦虑情绪的正常流露，另一方面反映出家园关系的长期不和谐。试想，如果家长和教师一直是互相尊重、信任、理解的，即使有危机产生，家长的应对态度也不会如此强硬。

3.幼儿平时缺乏科学的家庭教养方式。

案例中的丫丫为什么要说谎？原来，她有一个轻则训斥、重则打骂的"严母"，为了避免挨打，丫丫经常选择用说谎来掩饰自己的错误。同样，教师为什么觉得丫丫会看脸色、钻空子？这也与丫丫爸妈不一致的教育要求密切相关，长期游离在存有教育分歧的父母之间，丫丫养成了揣测大人心理的习惯。所以，家长不科学的教养方式，是冲突产生的深层原因。

指导策略：

一、稳住家长情绪

当幼儿可能受到伤害时，家长的内心是脆弱的，教师要设身处地理解家长并在第一时间表达出这种感受，通过诸如"我知道您很担心""听到这个事情我很痛心，您肯定比我更难过""这是我工作的失误，我一定全面展开调查"等类似的话语，给家长"老师很理解我""老师没有推卸责任"的感觉，从而在第一时间稳住家长情绪，赢得家长信任，在避免冲突升级的同时也有利于后续交流的顺利展开。

二、全面展开调查

没有调查就没有发言权，事情的真相也将无从谈起。到底丫丫有没有受到侵犯？涉事男孩有没有类似的不良习惯？其他的幼儿有没有看到？班里另外两位教师有没有觉察？如果没有，丫丫为什么撒谎？这些疑问的解答需要分别对丫丫、涉事男孩、其他幼儿以及另外两名教师做深入调查。然而案例中的主班教师只是简单询问了涉事男孩，调查太过片面，以致未能较好地推动冲突的解决。因此，一旦有冲突发生，积极全面地展开调查应该是教师工作的重点。

三、积极与家长沟通

　　幼儿园教育教学活动中涉及幼儿的人身安全、心理健康等敏感问题，教师能否有效地化解冲突直接关系到幼儿的成长、家园信任关系的维系，甚至园所的发展。教师很有必要掌握一些具体的策略，将负面影响降到最低。冲突发生之时，家长与教师间已形成一道无形的隔阂，如何扭转僵局，赢得家长的理解和支持？沟通在此时显得尤为重要，主动积极地与家长沟通有利于充分了解信息，及时地传达调查进度也能让家长感受到教师的坦诚和努力。冲突发生后，主班教师若能加强与其他教师的沟通，不仅有利于讯息的整合，更可能收获更多的解决策略。同时，主班教师还要提醒其他教师对个别幼儿重点关注，以免冲突的升级。

四、针对问题组织教学活动

　　教师要善于发现偶发事件中所隐含的教育价值，把握教育的时机，提供适当的引导，案例中的事情看似偶然，实则是中班幼儿性别意识发展的结果。此次冲突恰恰提供了教育契机，教师应抓住这一时机组织如"认识自己""自我保护"等相关内容的性别教育活动，让幼儿了解一些基本的生理知识以增强其自我保护意识，也为幼儿进入青春期后正确处理两性关系和健康人格的形成打下基础。

五、报告上级领导，提出相关建议

家园冲突的背后往往隐藏着幼儿园管理的漏洞，教师应成为发现这些问题的有心人，对一些关系到幼儿健康成长和园所发展的问题，要及时上报有关领导，防患于未然。例如案例中，随着幼儿年龄的增长，幼儿园分厕对幼儿性别意识的形成有很重要的作用，教师可就这一问题向上级提出相关建议，避免类似冲突的再次发生。冲突不可避免但也深藏转机，积极、正确地应对，就能化"危机"为"转机"，推动问题的良好化解。

幼儿园不是小学

浙江省舟山市新城第五幼儿园 方汉铮

案例描述：

佳佳和欣欣是我们班的一对双胞胎，每天都由爷爷和外公接送，佳佳跟爷爷住在一起，欣欣跟外公住在一起，她们的爸爸妈妈平常和她们都不住在一起。与同龄幼儿相比，佳佳和欣欣语言表达能力很弱，自信心不强。幼儿在穿着方面经常出现大衣服外面套小衣服的现象，并且经常袜子跟衬裤接不上，中间露出一段，大冬天看着就冷。另外，每次帮助幼儿系裤子，都能闻到一股长久不洗澡的味道。针对这种情况，教师及时与家长取得了联系，进行了深入的谈话，但幼儿的父母还是觉得这个阶段就这样过去算了，又不是读小学，不愿配合的理由一大堆。幼儿的爸爸甚至说我们幼儿园事儿太多，要求转园。当时，班主任教师没有过多反驳，只是平息了场面，让其冷静。后来经班主任与父母推心置腹的约谈，帮其分析利弊，并经过三番五次的家访后，总算比原先有所改观，幼儿父母在思想上对上述情况重视多了。

案例分析：

这是一起典型的家园配合断层问题，虽然看似平常，并未造成太大不良影响，但其实对幼儿的成长是很不利的。案例中的班主任教师，推心置腹的约谈和家访效果是很不错的，反映出了教师的专业精神。教师作为幼儿最主要的教育者之一，应时刻为建立和谐的家园关系而努力。案例中的爸爸虽然牢骚发了一大堆，但其实从侧面反映出了双方还没建立"契合点"，迫切需要沟通，双方达成共识才是关键。另外，幼儿家长认为幼儿园阶段的教育不重要，这是不正确的，教师应帮助家长明白幼儿教育对幼儿成长的重要性。

指导策略：

一、设身处地为家长和幼儿着想

爱因斯坦说过："对于我来说，生命的意义在于设身处地替人着想，忧他人之忧，乐他人之乐。"作为一位教师，我们要理解家长的心情，事事都站在家长的角度替家长着想，为家长解决后顾之忧，通过办好一件件小事去赢得家长的信任。当家长有情绪、发牢骚的时候，首先理解他们，通过诸如"我知道您很忙""两个幼儿的抚养很辛苦"等类似的话语，让家长产生"教师很理解我"的感觉，从而在第一时间稳住家长情绪，赢得家长信任，进一步建立起信任的关系，为以后工作的开展打下良好的基础。

二、推心置腹与父母交流

交流是建立家园双方良好关系的关键。在家长工作中，我们要抓住一些适时的机会，以达成家园双方的密切程度。我们知道，父母是幼儿的第一任老师，他们的言传身教对幼儿的成长很重要。而长辈在抚养的过程中往往存在隔代亲的现象，太过于溺爱幼儿，对幼儿百依百顺，使幼儿产生过度依赖或蛮不讲理的行为。面对不闻不问的家长，教师在交流的过程中，应让其真正感受到父母位置的不可替代性以及相处时间的宝贵性。教育幼儿是父母的责任，而不能一味地推给长辈来抚养，应该抓住幼儿教育的关键期。

三、精彩活动吸引

班级当中经常会组织一些丰富多彩的活动，每次活动开始之前，以群发通知的形式进行，对于不管不问的家长，可以选择以个别电话告知的形式，提醒其提前安排好工作，空出时间来参加活动。并且在活动的过程中，让其来谈谈教育幼儿的感受，与其他家长产生一些共鸣。长此以往，让其真正能够融入到班级工作中来。在主题活动进行的过程中，我们经常有一些现场的活动情况反馈，并且还有一些家长育儿经验方面的介绍。通过同伴群体的刺激，让其真正感受到，作为父母应该多关注幼儿的成长，树立起与幼儿共同成长的理念。

四、情感专线设置

情感攻势并非一味地辐射温情，有时针对不同的对象采用"冷处理"会更好。有位哲学家曾说过："世界上的一切并不都是出自必要、出自理智才去做的，往往没有任何必要、出自理智才去做的，往往没有任何必要而仅仅是出于情感。"这说明人的实践活动，都与情感发生着千丝万缕的联系，它牵动着人的喜怒哀乐，编排着悲欢离合，流溢着温馨冷酷，宣泄着热情淡漠。几乎可以说，情感是人的精神世界无处不在的精灵。人都是需要感情交流的，案例中的父母与幼儿分开住，其实从他们的内心深处来说，是很想看到幼儿的在园表现的。看似形式上的不闻不问，实质上真是不闻不问吗？其实不然，他们也渴望知道、了解幼儿的一切。我们可以在每天晚上向他们传送一些幼儿在园照片或视频，反馈幼儿在园生活的表现，让他们真切感受到教师对其幼儿的关注与关心，慢慢融化他们"冰冻"的心，从而建立起一条情感专线，增强信任感。

开心·就好

山东省莱州市金城镇公办中心幼儿园　王玉晓

案例描述：

早上在幼儿园大厅进行晨检时，雷雷妈妈见面就用责问的语气问我："王老师，为什么不让我家雷雷参加幼儿园组织的拍球活动？是不是在故意挤兑雷雷啊？"我一愣，回答说没有，雷雷妈妈不高兴地说："雷雷回家说拍球活动里有他，可昨天班级QQ空间里发的拍球视频里根本没有他。虽然孩子吃好喝好玩好快乐就行了，学什么不重要，但也不能因为我不看重学习就不让我孩子拍球啊！"因为当时正在进行晨检，我先让雷雷妈妈到办公室等一会儿，找到替班教师后，我回到办公室，雷雷妈妈依然一脸怒气。我递给她一杯水让她消消气，然后就幼儿拍球一事做了详细的解释，说："在练习拍球的时候，雷雷不认真练习，一直抱着个球站在旁边看，很不积极，到最后其他幼儿都学会很多花样拍球，但雷雷一样也没有学会，问他为什么不想学拍球，雷雷理直气壮地说'妈妈说学习不重要，只要我开心就好'，雷雷妈妈，您听到这句话什么感受？"雷雷妈妈低下头不回答，后来表示会改变自己的教育方式。

案例分析：

　　这是一例隐形的家园之间的典型矛盾冲突，自己的孩子没出现在班级QQ群的视频活动当中，家长心里感到很失落，虽然平时家长嘴上一直说在幼儿园开心就好，学习不重要，但真正看到孩子没有表现时心里仍会失望。在本次案例中家长不从主观上寻找原因，直接将矛头对准教师，后来通过交流，家长认识到自己带给幼儿的负面影响，答应改变自己的教育方式。但细想一下，除了教育理念不同给家园矛盾埋下隐患，教师也应负一定责任，在平时与家长进行幼儿发展情况交流时，如果能及时反映雷雷的在园表现，就会避免矛盾的发生。往往有一些教师不敢说幼儿不好，怕家长面子上挂不住；也不敢说幼儿很好，怕一日生活中有什么缺点被掩盖，当家长没有收到预期想要的效果时，就会在心里埋下矛盾的种子。

指导策略：

一、要用诚恳、和蔼的语气与家长沟通

　　当沟通双方由于某种原因产生情绪时，无论是谁的过错教师都应抑制自己的情绪。案例中，教师没有在意家长尖锐的话语，而是先稳住家长，把手头工作交接好，然后面带微笑给家长端过去一杯水，慢下语速与家长进行沟通……作为教师，应该用自己的真诚来和家长交流事情的经过，用诚恳、和蔼的语气进行交流、解释，这样就可以将大事化小、小事化了。

二、对幼儿要有细致入微的观察

　　在和家长接触的过程中，要了解家长最关心的话题。有的家长关心幼儿吃饭，有的家长关心幼儿活动的注意力，有的家长关心幼儿的受挫能力，等等，这样教师就可以在观察到大多数幼儿的表现时，有的放矢地关注某些幼儿的特殊表现。例如：遇到关心幼儿吃饭问题的家长，如果你只回答"挺好的"，这根本就不能和家长产生有效沟通；如果你回答"咱家宝贝今天吃了两个小馒头，连遇到不喜欢的胡萝卜都在教师的引导鼓励下吃了不少，这段时间幼儿饭量比以前增加了，挑食现象也明显减少了"，家长听到这样的话语会很高兴，因为教师时刻在关注着自己的孩子，这对于以后开展家园活动，减少矛盾是个有力的保障。当然这个保障是建立在对幼儿进行充分观察了解的基础上，没有细致观察幼儿可不能随便乱说。

三、要善于倾听家长的意见

教师谦虚诚恳、专心倾听家长的意见，会让家长感到自己很受重视。即使是一个牢骚满腹、怨气冲天的家长，在一个具有耐心、具有同情心且善于倾听的教师面前，也常会被"软化"。家长合作的态度取决于合作是否满足了她们在教育幼儿方面的需要，当教师满足了家长的合理要求时，家长合作的意愿会更高，态度也会更积极；相反，家长某种合理的要求教师没有注意，那么家长就不会热心于家园合作。所以说，要善于倾听家长的意见，教师才能得到更多的、来自家长方面的支持。

四、要及时与家长沟通

教师应加强与家长的情感沟通与信息交流，除了接送幼儿时与家长进行沟通外，一些现代化的联系方式也可以派上用场。例如：针对一些共性问题，可以通过照片、视频的形式发布在QQ空间里，这样即使家长工作再忙，还是可以抽空看看幼儿在园的情况；针对某个幼儿的现象，则应该单独与其家长进行沟通，避免有些事情在其他家长的参与下夸大事态。教师运用现代化的联系方式，能及时消除家庭与幼儿园在沟通过程中的矛盾，使工作更有实效性。

五、对父母要多报喜，巧报忧

幼儿都是父母心目中的宝贝，每一个家长都望子成龙，他们把所有的希望都寄托在幼儿身上，没有一个家长喜欢听教师只诉说罪状，所以，教师要多抓住幼儿的闪光点表扬幼儿的优点。在与家长的交流中，教师要能生动地描述出其幼儿在幼儿园某一环节的可爱表现，家长会从教师的言谈中自然感受到教师对幼儿的关爱和重视，并留下教师工作细致、认真负责的好印象。正所谓"亲其师，信其道"，对于缺点，一次只说一点点，并强调缺点对幼儿自身未来的发展有什么负面影响，让家长感觉到教师的目的是为幼儿着想。

"特别"的你

江苏省盐城市大丰区实验幼儿园　许文艳

案例描述：

初带小班，我也会有"烦心事"：宝宝整天哭闹、自理能力差、时常尿裤子等，这些其实都是常态，毕竟幼儿们天真可爱，我是打心眼里喜欢他们。班上一位叫鑫鑫的小朋友，白白胖胖，总让我情不自禁地想去亲一亲、抱一抱。后来接触后才发现，他从来不在意别人说什么，对于教师说的话也不给予回应，最常做的事就是自言自语，或者不停地跑、到处跑，其他小朋友找他玩时，他会躲闪，甚至视而不见，总是在教师上课的时候乱翻乱跑，一会儿不看就不见了踪影，我们几乎都在不停地寻找，身心疲惫。

我及时跟家长沟通鑫鑫的表现，可是鑫鑫妈妈非常不配合，说："不可能！我们家宝宝在家里从来不这样！请你们老师对我们家宝宝多一点耐心！"后来，我把鑫鑫在寝室里多次乱跑、自言自语影响其他小朋友的视频通过微信发给了鑫鑫奶奶，以此作为"证据"，多次请求奶奶能来幼儿园给予我们帮助，奶奶却态度恶劣，说："在幼儿园照看孩子是你们老师的事情，我没空。"说完就气冲冲地挂了电话，还伴随着一阵麻将声……

案例分析：

嘻嘻和鑫鑫是邻居，通过嘻嘻家长我了解到鑫鑫的家庭情况是这样的：鑫鑫从小由奶奶带大，父母平时工作繁忙，奶奶又整天忙着家务，跟幼儿交流得特别少，更令人不可思议的是，假期的时候奶奶会外出打麻将，将鑫鑫一个人关在家里！听到这些教师很震惊，这是多么不负责任的行为，同时也错过了幼儿发展的关键期。鑫鑫不与外界沟通交流，不与小伙伴们玩耍，才会导致现在完全自我的状态。了解了这些情况，我们通过查阅各种资料加以分析，觉得鑫鑫有些交往障碍、兴趣局限、智力发育障碍等，自言自语就是他最典型的表现。这样的幼儿需要我们给予更多的关爱，并设法找出解决问题的方法，才能取得一定的教育效果。

指导策略：

一、用爱教育

每个幼儿都渴望得到关心与爱护，特殊幼儿更是如此，他们更需要教师和家长的爱，需要我们坚持不懈地用心去爱，去帮助他们走出封闭的世界。每天幼儿来园时教师可以去抱抱、亲亲他，陪他玩感兴趣的积木，跟他说好玩的事情，或者带他去教室外面走一走，他需要的是陪伴。当他愿意跟教师亲近交流的时候，家长看到这一幕，相信会有一些改变的，同时对教师也会更加信任。也可以鼓励其他小朋友一起来帮助鑫鑫，和鑫鑫一起玩，小朋友之间的感情总是那么微妙，以同伴影响同伴，会起到事半功倍的效果。

二、兴趣出发，增强自信

幼儿的兴趣是贯穿于教育以及日常生活的各个环节之中的，幼儿若是经常体验到活动的乐趣，多次获得成功的满足，他们就会对自己的能力充满信心，参与活动的热情也会越来越高。教师通过观察发现，鑫鑫记忆力很强，对儿歌甚至音乐总是能迅速地记住，说明他对这些都是感兴趣的。根据这种情况，可以在语言活动中主动邀请他来说一说刚刚教过的儿歌或复述所讲故事的大概内容，加强记忆力的同时又提高了他的语言表达能力，当得到小朋友的称赞与教师的鼓励表扬时，他会体验到成功的喜悦，并增强了自信心。

三、家园配合，同心协力

家庭是幼儿成长发展的第一个环境，它对幼儿发展所起的作用是非常重要的。因此，教师要和家长们承担共同教育的责任，做好家园配合的工作，在教育思想、方法等方面取得统一认识，形成教育合力，家园双方配合一致，才能促进幼儿健康和谐发展。若仅仅依靠幼儿园单方面的努力，家长只是整个家园合作的旁观者与被动者，家园合作的意义也就消失了，更谈不上幼儿能得到什么发展。家长对自己的孩子最了解，最能洞察幼儿心理、生理和情绪的变化，因此我们一定与家长沟通。

1. 家园保持联系，多沟通交流。

家长应多向教师反映幼儿在家的近况，并主动向教师了解幼儿在园的情况，多交流，发现问题所在，寻求解决办法并共同面对。若鑫鑫在园需要家长配合帮助，鑫鑫家长应主动配合教师工作，共同帮助幼儿适应幼儿园生活，而不是一味地推卸责任，这样对幼儿的发展是不利的，因为幼儿的健康成长不是幼儿园单方面的事。

2.主动消除顾虑，取得家长信任。

家长的合作态度关键在于他们是否有顾虑，是否信任教师。对此教师要主动了解家长，揣摩家长的心思，抓住需要沟通的问题，选择适当的时机，采用合理的方式与家长交流，并以实际行动取得家长的信任，当赢得了家长的信任后，家长合作的愿望和热情也会更积极，只有这样，工作才能取得很好的教育效果。

3.多换位思考，给家长足够的尊重。

教师因常年从事教育工作，很容易产生优越感，遇事爱坚持自己的观点，这很容易影响与家长的关系。教师在向家长反映幼儿在园情况时，一般都是在下午离园时间，这时家长很多，如果不注意说到幼儿不足的地方，还会得罪家长，令家长丢了面子，产生不良后果。我们不妨站在家长和幼儿的角度与家长沟通，比如等其他家长走了之后单独交流问题，共同商讨针对鑫鑫这种情况的解决办法，这样会使我们的关系更加融洽，更有利于幼儿发展。

除了保持家园教育一致，也要积极与家长沟通商讨教育策略：

（1）给予幼儿更多的关爱，多与幼儿亲近，让他感受到父母真挚的爱。

（2）加强与幼儿的交流，了解幼儿的想法，创造机会鼓励幼儿多与同伴交往，锻炼语言表达能力。

（3）适时找专家指导，配合一些统合训练，锻炼肢体与大脑的协调性。

经过一段时间的教育，鑫鑫语言表达能力有明显的提高，早上来园时会主动向教师问好了。以往教师问"你在干什么？""你要上厕所吗？"等类似的问题时，他只会不断重复教师的话，自言自语，而如今在区域活动的时候，鑫鑫已经可以和同伴一起玩游戏了，也开始和伙伴有少量交流。其他方面也有很大进步，比如帮教师捡雪花片，乐意参加集体活动等。

蚊子叮咬了两个小包

黑龙江省八五六农场幼儿园　丁相娜

案例描述：

晚上八点半时，手机响了，拿过手机一看是坤坤妈，我先是快速回想了一下白天坤坤在幼儿园的表现，然后接通电话。

坤坤妈在电话里说："你们能不能对坤坤上点心啊，我家坤坤在幼儿园为什么总是受欺负呢？我真应该找你们园领导好好说说这事。"

"坤坤妈妈，您先别着急，有什么事您慢慢说。"

"坤坤的腿被诚诚用铅笔扎了两个'洞'，隔着裤子都扎成这样了，你们老师是怎么看孩子的？"

"您先别激动，幼儿园的小朋友没有铅笔，坤坤怎么会被铅笔扎伤呢？"

"你不要推卸责任了，我家坤坤的腿上有两个'黑洞'，周围都红了，一看就是铅笔扎的。"

在电话里坤坤妈不依不饶，一时解决不了问题，约定第二天来园面谈，第二天一入园，我就检查了坤坤的腿，确实有两个小黑点，但仔细观察觉得不对，我带坤坤去盥洗室把黑色洗掉，发现是蚊子叮咬的两个小脓包。再把坤坤领到家长面前，坤坤妈的脸"唰"地一下红了起来。经过询问才知道，下午画画的时候，坤坤因为腿"痒"，隔着裤子挠不到，就用水彩笔隔着裤子扎起来，于是引起了这样一场误会。

案例分析：

坤坤是一个特殊的幼儿，不怎么说话，自理能力相对比较弱。在家里，洗脸、穿衣、吃饭等一切事宜妈妈全部包办。幼儿一入园，妈妈就趴在门口看，每天教师劝说她"您放心离开，孩子有什么事儿，我们会第一时间给你打电话"，这句话不知道说了多少遍。可以看出，坤坤在幼儿园，坤坤妈整个人都很焦虑，担心幼儿受欺负，担心教师照顾得不周。而这次出现的小问题，仅仅是蚊子咬了两个小包，坤坤妈不调查，就自以为是幼儿在幼儿园受了欺负，把问题放大，不依不饶，责备教师没有像她一样尽心尽力照顾坤坤。

坤坤初入园时，坤坤妈询问教师有没有结婚，家里有没有孩子，当时以为坤坤妈只是和教师聊家常，现在回想起来，坤坤妈是对年轻教师的不信任。后来教师多次向其反映坤坤在园的表现：坐不住、满地溜达、喜欢打小朋友、与小朋友争抢玩具、不自己穿衣服吃饭等，希望家长能够配合教师，在家多训练幼儿自己的事情自己做，但坤坤妈总是不把这些事情放在心上，反而觉得教师应该向她一样，包办代替所有的事情。

指导策略：

一、拉近距离，消除家长焦虑情绪

幼儿新入园，有的家长会很快地调整好自己的情绪，但有一部分家长会持续焦虑。对于这些严重焦虑的家长，当幼儿可能受到伤害时，家长的内心是非常脆弱的，教师要设身处地地站在家长的角度，体会家长的心情，并给家长吃上一颗"定心丸"，用语言宽慰家长，让家长感觉教师是自己人，很理解家长的心情，是站在同一个出发点去关注、爱护每一个幼儿的。通过亲切、关心的语言，拉近教师与家长的距离，赢得家长的信任，减少或消除家长的焦虑情绪，避免误会升级。

二、取得家长信任，形成教育合力

家园共育是幼儿园一个永恒不变的话题，教师进行家长工作的方法和途径是多种多样的，如家长会、家长委员、家长课堂、家长开放日，等等。但是教育幼儿不同于其他工作，通过集体活动效果不是很好，因为每个幼儿都是一个独特的个体，存在个体差异。幼儿的家庭情况，家长的教育观念也各不相同，教师必须针对每个幼儿和家长的实际情况，与家长进行一对一的谈话交流，利用家长到园接送幼儿的时间或是利用电话、QQ、微信、校讯通等网络平台与家长交流教育幼儿的方法，反映幼儿在园情况，了解幼儿在家表现，并针对具体问题与家长商讨解决方法。

对于案例中严重焦虑的家长，作为一名年轻教师，首先，要付出更多的努力，热情友好、亲切温和、礼貌的态度，给家长留下"好相处"的印象，家长就会想象出教师友好对待幼儿、关心幼儿的场景。其次，和幼儿建立自由平等的朋友关系，让幼儿喜欢并愿意分享自己的小秘密，家长看到幼儿喜欢教师，愿意上幼儿园，也就放心了。最后，仔细观察，给家长一些帮助和关怀，利用微信录制幼儿快乐参加游戏、吃饭、午休等小视频发送给家长，让家长看到幼儿的表现；离园时，叮嘱幼儿回家要听妈妈的话，自己的事情要自己做；

建立一个热情友好的沟通氛围，有利于消除家长的焦虑情绪，建立教师和家长之间理解、信任的桥梁。

三、开展"家长一日访园，做一日教师"活动

古希腊哲学家曾经说过："感情是由交流堆积而成的，任何一种感情的升华都有赖于交流。"通过开展"家长一日访园，做一日教师"活动，教师和家长面对面地针对每一个环节进行交流，这样更有说服力，更具真实性。案例中的坤坤妈的焦虑情绪，对幼儿在园生活的不了解，对教师的怀疑，在"家长一日访园，做一日教师"活动中都能得到很好的改善。

1.家长参与到幼儿的一日生活中，照顾每个幼儿的吃、喝、拉、撒，观察教师和幼儿的精彩表现，感受教师是如何细心呵护每一个幼儿的，了解幼儿园的工作性质，体验幼儿教师的辛苦，通过亲身体验，家长会更理解教师，更好地配合幼儿园的工作。

2.作为家长，关心的是幼儿在幼儿园的表现，把家长请进来参与一日活动，家长不仅学习了科学的育儿知识和方法，也对自己孩子在幼儿园的表现、参与活动情况、自理能力、人际交往等方面有一个系统的了解。通过与其他家长比较，发现自己教育幼儿的不足之处，从而更理解教师、信任教师，互相配合，共同关注幼儿的健康成长。

欣欣哭了

河南省驻马店市正阳县幼儿园　李学珍

案例描述：

欣欣是个活泼好动的小班女孩，在家很受家长溺爱，在班内也是伶牙俐齿，毫不退让。平时都是奶奶送她上下学，有什么事都是教师与奶奶沟通。一天下午来园，晨晨爸爸告诉教师："上午美术课时，晨晨的裤子被欣欣用剪刀剪了好几个洞，虽然没伤着晨晨，但是这种做法一定要告知她的家长，以免以后再出现。"教师听后也很重视，一面向晨晨爸爸表达歉意，一面表示要与欣欣家长沟通。而欣欣奶奶知道后却说："欣欣手很规矩，一定不是欣欣剪的。"教师询问欣欣，欣欣却哭了，教师立刻抱住欣欣安抚一番，而作为旁观者的奶奶回家就把这件事说给了欣欣妈妈听，于是欣欣妈妈与教师电话联系，说教师严重打击了幼儿的自尊心。教师把事情经过与欣欣妈妈讲了一遍，并强调没有别的家长在场，目的是想让幼儿通过这件事得到一次教育，不能拿剪刀乱剪小朋友的衣服。欣欣妈妈听后，主动要求以后多与教师沟通，全力配合教师工作。

案例分析：

这是一起由家园缺少沟通而引发的信任冲突，虽然这件事情看似解决了，但是却未真正解决。如果案例中的欣欣妈妈以后还是因为工作忙，而没能与教师进行及时的沟通，还会不会发生像上述案例类似的事情？教师的处理结果真的让欣欣妈妈信服了吗？幼儿得到应有的教育了吗？教师看似积极地在处理，可欣欣并未承认自己的过错，代表幼儿并未受到教育与引导。而对于欣欣妈妈的指责，教师也只是给予了她想要的未伤及幼儿自尊心的解释，局限于眼前，这反映出教师专业素质及教育长远规划思路亟待提高。教师应时刻把家园关系放在处理家园问题的首位，一味的逃避和应付只会造成家园信任的缺失。如果教师与家长一直是互相尊重、理解、信任的，即便出现诸如案例中的冲突，家长的应对态度也不会如此生硬、激烈，这就反映出了家园并没有建立起良好的合作关系。

指导策略：

一、积极沟通，调查真相

当与家长沟通时，应设身处地地理解家长当时的心情，可以等家长冷静下来后与之交谈，通过谈话使家长觉得教师理解自己，从而稳定家长情绪，避免了冲突，同时也有利于后续交流的顺利展开。接下来就是调查事情的真相，到底欣欣有没有剪破晨晨的裤子？欣欣有没有做过类似事情？其他幼儿以及另外两位教师有没有觉察欣欣的行为？还有欣欣到底为什么哭？这些疑问都有待调查，不能不明不白就草草"结案"，而案例中的教师询问欣欣没有结果就停止调查，没能解决事件冲突的核心，积极、全面地展开调查应是教师的首要工作。

二、针对问题设计组织教学活动

每一次的偶发事件中，都会隐含着教育价值，教师要把握教育的时机，提供适当的引导。案例中的事情看似偶然，实则是小班安全教育缺乏的结果。这次冲突恰恰提供了教育契机，教师应抓住这一时机设计组织教学活动，比如开展"怎样拿剪刀""尖利的东西易伤人""要用安全小剪刀"等相关内容的安全教育活动，让幼儿了解安全使用剪刀的方法，培养自我保护意识，也为中、大班手工课学习剪刀的使用打下良好的基础。幼儿园偶发事件的背后也往往隐藏着幼儿园管理的漏洞，教师应成为发现这些问题的有心人，对于一些关系到幼儿健康成长和园所发展的问题，要及时上报有关领导，防患于未然，避免类似冲突的发生。

三、提高家园共育工作能力

著名幼教专家陈鹤琴曾说："幼儿教育是一种很复杂的事情，不是家庭一方面可以单独胜任的，也不是幼儿园一方面可以单方胜任的，必须两个方面共同合作才能得到充分的功效。"一席话语，让我们明白"家园共育"的重要性，只有家园共同努力才能有效地促进幼儿的发展，而幼儿教师在这当中无疑起着至关重要的积极作用。很多家园敏感问题下的冲突，都是由家长对教师的不信任而引起的，是由于双方缺乏良好的沟通与互动而导致的，所以，教师应提高自身的家园共育能力，转变观念，摆正关系，掌握必要的技能和方法。

1.以幼儿发展为中心，进行沟通，促进家园共育。

教师要与家长进行经常性的双向沟通，主动向家长介绍幼儿在园的生活学习、进步与不足等，家长也要向教师反映幼儿在家的表现与变化。双方互相沟通、商讨，取得共识。可以采取家长座谈会、茶话会、家长沙龙、经验分享会等多种形式定期开展，有时也需要用到个别的沟通交流形式。

2.提高沟通技巧，促进家园共育。

具备良好沟通技巧的幼儿教师，往往在事件的发展中起到良好的推动作用。在与家长沟通之前，教师一定要做到思路清晰，预设家长反应，根据家长的反应做出相关部署。在与家长沟通中，教师应以"换位"的思维方式去理解家长，认真倾听、适时表达，遇有分歧时应先冷静思考分析，切忌消极对待，要以积极平和的心态与之交流。也可以在事先了解家长的各种职业特性后，请家长带任务进幼儿园，体验幼儿教师工作的艰辛与不易，从而更加深入地了解并理解幼儿教师的工作，主动要求与教师沟通、合作。

四、关注幼儿个体差异，促使幼儿健康成长

世界上没有完全相同的两片叶子，就像世界上同样没有完全相同的两个人。教师要正视这种差异的存在，平等地对待每个幼儿。在日常生活中，观察每位幼儿的行为表现，关注幼儿的心理需求，深入了解其家庭教育环境。对于幼儿自身的问题，要寻其原因，切勿以主观思维放大或置之不理，要尊重、理解幼儿，多给予他们正面的评价，切勿打击、嘲笑，以专业的眼光去发现并解决问题。尤其一些喜欢包办代替的家长，严重束缚了幼儿好奇、好动、好问的天性，阻碍了幼儿身心健康的发展，教师必须加大与这些家长之间的沟通，通过各种途径更新家长观念，从而改变他们的家庭教育方式，促进幼儿身心健康发展。

打人事件

四川省成都市高新区和美实验幼儿园　刘冬梅

案例描述：

一个很普通的上午，我刚到幼儿园，上午班的教师和保育就把我拉到一边，神神秘秘地对我说："我们给你说一件事，你先不要生气和着急。"在我疑惑的眼神中，两位教师告诉我说班上瑞瑞的妈妈控告我打瑞瑞，而瑞瑞也不想来幼儿园了……听到这里，我又气又急，任谁被冤枉都不好受，而且还牵扯到教师的职业道德。瑞瑞是我们班年龄最小的幼儿，刚刚三岁两个月，个子瘦瘦小小，却非常好动和调皮。说我对他严厉一点也不否认，可是说到打，我真是觉得太冤枉了。

冷静下来再想此事，还是觉得太憋屈，于是下午放学后，我请瑞瑞妈妈留了下来，与我们班级三位教师一起进行沟通。没想到瑞瑞妈妈越说越激动，说我把瑞瑞打得很厉害，还把瑞瑞的头往墙上撞。我很郑重地表示，我从来没有打过瑞瑞，可是瑞瑞妈妈就是不相信。我们把瑞瑞叫过来询问，当着我们的面瑞瑞表示老师从来没有打过他。瑞瑞妈妈说："不怕，儿子，打了就老实说出来。"可是瑞瑞仍然说老师没有打他。瑞瑞妈妈不依不饶，找来业务园长沟通，依然无果，于是在第二天上午去园长办公室告状，尽管园长和她交谈了很久，最后还是没有打消她对我们的敌意。

案例分析：

瑞瑞的个性活泼好动，在家里也常常惹妈妈发火，经常挨妈妈的打，联想到这些，我们认为瑞瑞是把平时妈妈打他的场景放在了幼儿园，但是瑞瑞为什么要说是老师打他呢？我们分析近段时间以来瑞瑞的情况：为了保持有一个规律的科学作息时间，我们要求幼儿每天早上九点之前必须到园，可是开学以来瑞瑞就从来没有按时到园过，基本都是在十点之后来园。我们询问瑞瑞原因，瑞瑞说是妈妈早上不起床，于是他也跟着睡懒觉。鉴于这种情况，我们最先和瑞瑞妈妈沟通，动之以情、晓之以理，希望她可以每天按时送瑞瑞来园，瑞瑞妈妈也有所调整，送瑞瑞来园能提前到九点左右，虽然还是班级里最后来园的，但是我们仍然欣喜这种变化。接着就发生了瑞瑞说的打人事件，经过分析，我们认为可能是瑞瑞已经习惯了原来早上睡懒觉的习惯，突然被妈妈要求早起不适应，才找借口不想上幼儿园的。但是不管教师、业务园长、园长怎么解释、谈话，瑞瑞妈妈就是不相信，这是源于家长对幼儿园和教师及园长的不信任，家园沟通有待加强，家园关系有待提高。

指导策略：

一、遇事冷静，做有师德教师

发生这样不愉快的事情，教师首先必须冷静下来，然后分析事件发生的原因，找寻解决的办法，平时多掌握幼儿生理和心理发展特点，在和家长沟通时用科学的育儿观点指引家长；另外，平时对幼儿要更多地关注和观察，遇到问题时才能从幼儿平时的表现里分析出原因，从而对症下药。最后，教师要时刻提醒自己，面对幼儿，我们不仅不能践踏师德的红线，更要拿出所有的热情和关爱，去关心爱护每一个幼儿，做一个问心无愧的教师。

二、了解幼儿年龄特征，科学育儿

从三岁幼儿的年龄特点入手，给瑞瑞妈妈分析这个年龄段的幼儿常常会把现实和想象混淆的情况，有时候幼儿说的话一听就是他想象出来的，然而我们并不能说幼儿就是在撒谎，他只是把现实和想象混淆了而已；幼儿有时候会故意说一些没有发生过的事情来引起家长的关注，从而获得重视；为了自己的一些目的，为了趋利和避害，也会有意识地去说一些假话来达到自己的目的。

对于瑞瑞在家里说老师打他，我们给瑞瑞妈妈分析，有可能是瑞瑞对于早上突然早起不适应，找借口不上幼儿园；也许是与小朋友之间发生矛盾被教师批评了，从而产生一种犯错就会挨打的想法，然后把想象和现实混淆。经过我们的分析，瑞瑞妈妈再结合平时瑞瑞的一些行为，对之前一直认定的事情有了松动和改观。

三、重视家园沟通，建立信任

回想瑞瑞九月份入园时那次感冒，瑞瑞妈妈觉得是幼儿园午睡的时候让瑞瑞着凉了，把责任全归在教师身上，只是当时没有把情绪表现出来，或许从那时开始瑞瑞妈妈就已经对幼儿园不信任了。其实，那个时候就应该引起教师的重视，如果及时向瑞瑞妈妈讲述幼儿上了幼儿园容易生病的原因，或许就不会埋下"祸根"。同样的，如果瑞瑞妈妈对幼儿园多一些了解，对教师多一些了解，当发生瑞瑞说的打人事件时，也不会那么冲动和怨愤，会先考虑瑞瑞说话的真实性。所以，家园沟通是多么的重要！在平时和家长沟通时，要多让家长建立对教师的信任感和认同感，这样即使遇到问题，家长也会比较冷静地和教师一起来处理。

屁股和滑梯

山东省烟台市牟平区宁海机关幼儿园　孙海燕

案例描述：

刚刚踏上幼教工作岗位那年夏天，在我的班级里由于缺乏家园之间的沟通，导致家长和教师发生了一个误会，这件事在我人生工作的历程上起了很重要的作用，通过这件事，让我明白了家园联系的重要性，也深深地体会到"家园无小事，处处是沟通"。事情的起因是班上刚刚入园的小新，对幼儿园的生活极其不适应，他年龄很小，穿着开裆裤。新入园的他不断地哭闹，让教师看在眼里，疼在心上。为了缓解小新的情绪，教师常常带小新到户外溜达，小新喜欢上滑梯后哭闹情况有所好转，他喜欢在滑梯上一遍一遍地滑着。可随之而来的事情叫教师措手不及，由于穿开裆裤，在滑滑梯时屁股和滑梯产生摩擦，导致小新的屁股上留下一道道红红的勒痕，教师看见后及时和小新爷爷解释，小新爷爷没当回事。没想到第二天早上，教室的门"轰"的一声被人踢开了，小新的妈妈怒气冲冲地质问教师："孩子犯了什么错，你们用棍子抽孩子屁股？"这突如其来的状况让那名教师措手不及，由于我是班主任，就急忙上前解释，可是对方根本不听，闹到园长办公室，非要园长给出一个合理的、满意的答复，我和那名教师觉得委屈。

经过园长了解，又联系了小新爷爷，事情才得以水落石出。事情到这里，本应该结束，谁知这次风波后，小新妈妈经常"突袭"来幼儿园，监视小新在园的一日生活，时间久了给我们造成了一定的心理压力。后来邀请小新妈妈来园交谈，了解到她是因为上次错怪了教师，害怕教师不善待小新，她还告诉我，她觉得心很累，因为翘班被单位罚过好几次了。我首先做了自我批评，并明确告诉她我们不会虐待幼儿，也真诚地希望双方能够经常沟通交流，共同促进幼儿成长，小新妈妈这才放下了心里的大石头。

案例分析：

作为一名教师，如换位思考，就能理解家长初送幼儿入园时的焦虑心情，既然误会消除，幼儿的屁股不是教师的行为所致，本以为事情到此为止，没想到小新妈妈时常突袭幼儿园来监督，给教师带来心理压力。在没有和家长交流之前，教师无法理解家长每天都在偷窥什么，有些生气、有些委屈。可如果从另一个角度看待问题，家长的行为有点过激，实则透露出家长对教师的一种期待。沟通，是家园合作关系的桥梁，整个事情的经过皆因缺乏沟通。假如教师交代小新爷爷把屁股受伤的原因提早告诉小新妈妈，就不会出现小新妈妈闹事；假如发现小新妈妈来幼儿园监视，及时与之沟通，就不会使双方都承受着压力，所以不管是教师还是家长，积极寻求机会沟通交流，才能保证良好的家园合作关系。

指导策略：

一、重视家园共育的作用

家园共育，简单地说就是幼儿园和家庭共同合作培育幼儿，家园共育对幼儿的身心发展起着很重要的作用。家庭是幼儿成长的第一场所，家长是幼儿的第一任老师，在家里幼儿耳濡目染得到了很多来自家长的教育理念；当幼儿离开家庭，走进幼儿园时，幼儿园又成为幼儿另一个受教育的场所，因为家庭教育的不同，使幼儿适应幼儿园程度有别，这就要求双方重视家园共育。只有家庭和幼儿园密切配合，运用科学的教育理念，才能全面发展幼儿，使幼儿得到良好的教育，从而健康快乐地成长。

二、扎实专业知识，巧妙地运用语言和家长进行沟通

语言就是一门艺术，沟通交流其实也是如此，同样的语言，用不同的交流方式去表达，它的交流效果就会截然不同。语言是心灵的窗户，是人和外界交流的重要枢纽。教师在事情发生时，只考虑到自己的委屈，觉得教师每天那么辛苦地照顾幼儿，到最后还要遭到家长的无情数落，因没有克制好自己的情绪，导致事件升级。这充分说明了教师经验不足，专业知识不够扎实，缺乏实践。假如教师在与小新妈妈沟通时注意情绪和语言用词，先安抚家长的情绪，也不至于家长会把事情闹到园长那里，不管是班级教师还是班主任，都缺少与家长交流沟通的经验。《纲要》和《指南》(《3-6岁儿童学习与发展指南》，简称《指南》)中对家园合作方面提出明确要求："幼儿园应与家庭、社会密切合作，家庭是幼儿园重要的合作伙伴。"这就要求教师努力学习专业知识，保障家园沟通起来畅通无阻。

三、尊重家长，主动与家长沟通交流，取得信任

家园工作，是一个老生常谈的话题，作为教师，首先要尊重家长，只有

和家长密切配合，家园工作才能顺利开展。常言道："敬人者，人恒敬之。"当家园关系处于紧张的状态时，教师要敢于担当，主动邀请家长到幼儿园做客，主动地将问题剖析，敢于批评和自我批评，让家长看到教师的真诚，使家长从心里接受教师，信任教师，尊重教师。现阶段，层出不穷的幼儿园教师丑闻确实给家长造成了一定的顾虑，令家长担忧，这就更加需要教师用心去维护教师的正面形象，发现问题，主动找家长共同想办法解决问题，取得家长的信任和支持。另外，用心倾听别人说话，是在和对方语言交流时尊重对方的一种行为，教师在和家长交流时，应用心倾听家长提出的建议，使家长对教师产生一种信任感，消除家长对教师的疑虑，增加家园之间的情感，有利于教师开展家园工作。

一个血泡

江苏省扬州大学第三幼儿园　缪　惠

案例描述：

接手大班一个星期后，一天晚上，手机QQ响个不停，仔细翻阅，是班上岩岩爸爸发出的多条消息，大致内容是：因为相信这所幼儿园，才将孩子送过来，没想到让孩子受到这么大的伤害……

看罢消息，赶紧联系岩岩爸爸，岩岩爸爸很生气，说岩岩手上有一个小血泡。因为还不清楚具体情况，我只好赶紧安抚家长，并约好第二天来幼儿园当面交流。

第二天来的是岩岩妈妈，我们首先向家长道歉，因为我们疏忽没能及时发现幼儿的手受伤，并谈论了一些幼儿在园的其他情况，岩岩妈妈表示理解，最后嘱咐几句就去上班了。谁知第三天幼儿的外公来幼儿园理论，第四天幼儿的外婆来幼儿园闹事。无论教师怎么解释，岩岩外婆依旧不依不饶。在园方的协调下，教师经过各种承诺才算把这场风波平息下来。风平浪静几天之后，岩岩妈妈到园长处说明是因为岩岩不小心压到手，然后又放到嘴边不停地吸吮才出现了血泡。

案例分析：

这是由家园不信任关系而引发的矛盾冲突，虽然最后真相大白，但是却让教师与家长之间的信任、家园合作的默契产生一定的动摇。看似一场风波平息下来，但平静的背后，更多的是汹涌的猜疑。事情刚发生时，教师已经及时沟通，并对幼儿表示了关心，但家长依旧不依不饶，一口咬定是教师的错。这样敏感的家长虽属于个例，但也值得去思考，面对这样的事件如何采取有效的应对措施。岩岩的爸爸、妈妈都是军人，妈妈退役了，岩岩的外公外婆是生意人，在平时的家庭中，出现矛盾会采取一些比较极端的做法，家庭本身在处理问题上就比较极端和强势，但又特别溺爱岩岩。如此敏感的家庭，面对幼儿受伤，他们更需要一个好的解决方式来安抚被触碰的敏感区。而教师只是进行了道歉，没有采取其他措施，让家长觉得教师没有足够重视这件事，加上教师是新接手这个班级，家长对陌生的教师不够信任，就使矛盾激化。

指导策略：

一、全面调查是重点

这样的全面调查更多从多维度分析：家庭结构、幼儿情况、事情发生的前后经过，等等。没有对事情等状况有所了解，就会缺失教师发言的主动权。为什么岩岩妈妈当面沟通时表示理解，却在接下来的几天每天都会换人来幼儿园闹事？是他们家长成员彼此间缺乏沟通吗？还是有意为之？教师在最开始为什么不调查血泡是怎么造成的？一味道歉是心虚还是承认自己工作不周到？事情几次三番得不到解决是因为什么？以上都是教师应该反思的问题。积极全面开展调查，了解事情起因，及时为家长打开心结很必要。

调查可以从幼儿自身着手，不要因为幼儿年龄小就忽略了他才是当事人，蹲下来与幼儿进行沟通，让幼儿回忆自己经历了什么，从而寻找出血泡的来源；至于家长方面，根据不同个性采取不同的应对策略，包括语言交流的艺术、后期跟进的策略，等等。首先是让家长信任教师，然后将心比心交流幼儿受伤之事。需要注意的是，教师有必要提醒家长成员间的交流，不要因为一件事多个家长找幼儿园理论，这样会造成很多不必要的麻烦，同一件事需要解释很多遍，费时、费力、费神，对教师、幼儿都没有好处。

二、主动沟通是关键

家庭是幼儿园非常重要的合作伙伴，教师起主导作用，发现问题应主动出击，让家长看到教师的工作态度；让家长主动，教师就会很被动，还会影响家长对教师以及对幼儿园的看法。最好不要等到问题来了才进行交流，平时可以邀请家长走进幼儿园，多多了解幼儿在园的情况，普及一些家园共育常识。让家长明白，随着年龄的增长，幼儿在园活动量及动作技能不断地在发展，幼儿在游戏或活动中出现磕磕碰碰的情况有时会防不胜防。另外，在处理问题时，教师要学会倾听家长的意见，这样，有助于家园构建良好的协作关系，处理问题的时候会有事半功倍的效果。

三、园方引导是润滑剂

有一类家长，一旦有事情不会多与教师沟通，而是借助于幼儿园领导出面解决，这类家长属于"告状型"家长，这也是家园不信任的一种表现。当事情已经闹到园办公室，可见家长、教师已经处于对立面，此时需要园级领导了解情况后，做好其中的协调工作。积极调查真相的同时，更要引导家长了解教师对其幼儿的关心和照顾，逐渐消除家长的顾虑。其次，在征求家长的同意后，请教师一起说说事情的来龙去脉，双方共同想办法防止下次问题的出现。

对于具有特殊性质的案例，园级领导可以在业务学习时组织园内教师讨论如何高效处理家园关系，让有困惑的教师提出问题，有经验的老教师来传授经验，以老教师的实际做法来指导年轻教师家园共育的方法以及与家长沟通的艺术。只有做到防患于未然，才能确保家园合力。

苏霍姆林斯基说过："教育的效果取决于学校和家庭教育的一致性。"幼儿园、教师、家长之间是一个微妙的三角关系，如果能够在信任、宽容和理解的基础上维持，家园共育就会向良好的方向发展；一旦其中某一方面出现问题，处理不当就会引发矛盾，所以积极、智慧地处理家园关系，会让家园合力和谐、高效，对幼儿园的工作起到推动作用。

老师，我跟你说件事儿

上海市廊下幼儿园　谢叶香

案例描述：

一早轩轩的奶奶就过来对我说："老师，昨天下午放学的时候我听到琪琪的奶奶在幼儿园门口说你们的不是。"

"怎么会呢？"我一惊。

轩轩奶奶继续说："我听到她对其他家长说他们琪琪眼睛哭得肿肿的，没有老师管，还说上幼儿园没用，早知道就不来了。"

听了轩轩奶奶的话，我脑子里浮现的都是琪琪在园的画面，比如如何哄琪琪吃饭、午睡，如何鼓励琪琪游戏……我们尽心尽力，想尽各种办法安抚琪琪的情绪，可是为什么得到的却是这样的结果呢？我不禁反问自己，心里满满的伤感和委屈。

第二天早上，琪琪又是哭闹着来到了幼儿园，小何老师从奶奶手中连哄带骗地把她抱进班级，而我则抓住机会与奶奶交流："琪琪奶奶，琪琪的情绪还不是很稳定，刚开学两周，她需要一段时间来适应新环境。"谁知琪琪奶奶很激动，把昨天的话又重复说了一遍，我先让她冷静一下，然后巧妙地说：

"琪琪哭的时候喜欢用两只小手揉眼睛,眼睛很容易肿起来,不知道你们在家有没有发现这个问题?"

琪琪奶奶一听,情绪逐渐稳定下来,我趁热打铁讲一些新生入园的注意事项,琪琪奶奶也开始接受起来。

案例分析:

从最开始的委屈,到冷静下来细细思考,然后开始从自身找原因。教师开始一直认为小班幼儿刚入学不久,哭闹是正常的事情,没有多花时间与家长交流,从而产生了一些误解。所以趁下次来园之际,教师找琪琪的家长主动沟通,让他们了解琪琪在园的表现,机智地引起琪琪奶奶关注琪琪为什么眼睛容易红肿,通过主动、耐心的沟通,来取得琪琪奶奶的理解与信任,从而让他们每天能放心、安心地把琪琪送到幼儿园。

指导策略:

一、来园观摩,消除误解

除了邀请琪琪的爷爷奶奶外,还可以邀请她的爸爸妈妈一同来园观摩,因为相比于爷爷奶奶,爸爸妈妈更容易沟通也更容易接受新的教育理念,同时吸取教训,不急于与家长辩解,而是先请他们观摩孩子在园的生活常态,让他们自己去分析、去思考,从而让他们清晰地意识到,教师是在用心爱幼儿。家长的亲眼所见比过多的解释有用得多,而且更能让家长真真切切地感受到教师的良苦用心,这比说100遍"您放心吧,我们会好好照顾孩子的"效果要好得多,彼此间的心结也随之打开了。

在工作当中难免会碰到一些家长对我们不理解、不信任,但是我们不能因为这样而忽略这类家长，要设身处地地站在他们的立场去思考问题。家长把幼儿交到我们手中，其实他们也很焦虑，他们会担心幼儿在幼儿园会不会被小朋友欺负，吃饭有没有吃饱，等等。有的事情教师觉得很正常，但是家长并不会那么认为，特别是新入园幼儿的家长，因为彼此还不熟悉，所以难免会对教师存在一定的戒备心，就像案例中所说，当琪琪家长看到琪琪回家时眼睛红肿，就认为琪琪肯定是在幼儿园一直哭闹，老师不管不问才会这样，这个时候教师需花更多的时间与精力去和他们交流，在家长的诉说中了解他们的真实想法，从而接下来有针对性地开展家长工作。在了解了家长真实的想法后，教师就要抓住孩子的特点有针对性地与其交流。允许家长发泄不满，允许家长抱怨，但是我们始终要态度诚恳、语气婉转，等家长情绪缓和了，再耐心细致地解决问题，消除误解。

二、深入交流，理解共育

由于有了前一次的观摩、交流，让琪琪的爸爸妈妈体会到了我们的诚意，消除了彼此间的误解，在此基础上，可以再次邀请他们来园，让他们把自己心中的不解和困惑——说出来，这样可以促使他们更愿意与我们同步教育，同时在不断反思中寻找最好的解决方法。

通过一段时间的跟踪观察，琪琪的表现越来越好了。两个星期后的早上，琪琪牵着妈妈的手来到班级，自己把牌子插好，对着教师说早安，然后一个人走进教室去玩她喜欢的积木了。如今的她参与各种活动的积极性也提高了，还会唠唠叨叨地和小伙伴们说一些家长里短的事情，她妈妈私下里也常常跟我说，琪琪回家后会把幼儿园里发生的各种事情告诉他们。琪琪的转变很明显，显然幼儿的成长不是一蹴而就的，祖辈们要学会放手，父母们则要学会承担责任，教师们则要给予更多的支持和鼓励，同时要不断地与家长进行沟通交流，方能让幼儿不断地朝好的方向发展。

在幼儿出现"问题"时，父母的教育态度和行为会极大地影响幼儿的成长，教师要鼓励家长用积极的态度去面对幼儿的"问题"，不能操之过急，很多时候往往需要一定的时间才会得到我们想要的结果。作为教师，我们要有耐心，作为家长，更要有耐心，在幼儿的点滴进步中，不断地给予他们表扬和鼓励，从而让其在我们共同有效的指导下更好地成长。

三、巩固关系，进一步提升家庭教育的能力

其实琪琪的家长也有自己教育孩子的优势、强项，与他们接触下来发现，他们有参与幼儿园教育管理的主观意识，我们应为他们积极创造条件。如在家长开放日中，引导琪琪的爸爸妈妈向其他家长分享经验和心得；动员琪琪的爷爷奶奶参与幼儿园的家长助教活动……让他们深入幼儿园教育过程，并将其与改善家庭教育有机地结合起来，同时我们还通过QQ、微信等聊天软件，与琪琪的爸爸妈妈共同交流育儿经验，并时常发送一些琪琪在园的照片，让他们了解幼儿在园的情况。这些措施会让琪琪的家长成为我们工作中的有力伙伴与支持者，使家园合作显示出连续性、整体性，从而有效地提高了琪琪家长的教育水平，又促进了幼儿园教育，特别是推动了家园共育的进一步发展。

该不该有作业

江苏省海安县高新区胡集幼儿园　常林华

案例描述：

升入大班后，每天晚上离园时总会有家长问"今天的作业是什么？""今天布置作业了没有？"等等。这天欣欣的奶奶像往常一样问教师："老师，今天有作业吗？"由于白天进行的是手工活动，教师将活动进行了延伸，请幼儿们晚上回家和爸爸妈妈一起完成一幅手工作品，于是回答道："今天回家的作业是跟爸爸妈妈完成一幅亲子作品。"

谁知欣欣奶奶很不开心地说："这算什么作业，没有要写的作业吗？"

教师解释道："晚上的亲子作品是对白天活动的一个总结延伸，也可以算是对幼儿学习的一个检查。"

"就没有要写的吗？隔壁班怎么每天都要写数字呢？"

最后在教师的一再解释下，欣欣奶奶才不情不愿地走了。

后来跟隔壁班教师交流得知，隔壁班教师也是迫于无奈才让幼儿每天回家练习写数字。

案例分析：

如今社会的激烈竞争，让本就"望子成龙，盼女成凤"的家长更是认定"一定要赢在起跑线上"，并且为幼儿报了各种课程，让幼儿小小的肩膀早早地背上沉重的背包，本该是如花般美好的童年，被各类兴趣班重重地罩上一层"浓烟"，此案例中欣欣奶奶很明显就是"望女成凤"的代表。学龄前幼儿的年龄特点决定了幼儿的主要学习方式是游戏，《纲要》和《指南》中也明确指出："幼儿的学习是以直接经验为基础，在游戏和日常生活中进行的。"家长没有正确的教育观，习惯把学多少知识作为评价幼儿园教育的主要标准，忽略幼儿学习能力、学习习惯、性格、情绪情感等方面的发展。这一错误的存在，给深入贯彻《纲要》、实施素质教育造成了很大阻力。

针对是否该给幼儿布置"作业"这一问题，教师没有能够及时地做出回应，只是自己私下表示无奈，没有能够用灵活多样的方法帮助家长获得正确的认知。另外，就是教师对"要求布置作业"的现象不够重视，未能与家长之间达成共识。当家长提出"需要给幼儿布置作业"的要求时，教师没有告诉家长为什么不给幼儿布置作业，让家长觉得教师的教学态度不认真，容易让家长对园所的教育态度产生质疑。

指导策略：

一、不回避问题，帮助家长树立正确的儿童观、教育观

对家长提出的问题给予认真回答，对于"是否该布置作业"这一问题，教师应该从专业的角度给家长进行讲解，告诉家长学龄前幼儿的身心发展规律以及幼儿的认知发展规律。可以从生理和心理两方面来做家长的思想工作：从生理角度来说，学龄前幼儿的小手还没有发育成熟，手指的力量不够，强制性让幼儿写字，不但不能达到家长或教师设定的目标，甚至有可能造成幼儿手指变形，造成更大伤害；从心理角度讲，学龄前幼儿的理解能力不强，机械性地写字并不能让幼儿学习到知识。让家长主动意识到过早书写对幼儿的成长是弊大于利，从主观意识上取消"要作业"的念头。教师不能简单地迎合家长的需求，而要坚持向他们传递正确的育儿观、教育观。

二、为家长提供了解幼儿园教育的多种途径和机会

可以准备一份简明的《手册》，《手册》中强调：学前教育的目标是为幼儿提供一个有利于身心发展的环境，使每位幼儿感受到快乐、幸福、安全，让其身心健康发展。帮助家长知道幼儿园教育是在一日活动中进行的，幼儿是在游戏和操作各种材料中得到发展的。也可以通过家园联系栏、宣传橱窗宣传幼儿园教育目标与任务，或者利用家长学校进行专题培训，平时提供相关书籍或者音像制品进行宣传，供家长多方面了解幼儿园教育。

三、密切联系家长，让家长成为幼儿园活动的参与者、组织者和评价者

1.邀请家长参与班级教育活动计划和目标的制订。如：每学期初教师制订好本学期班级教育活动计划后，召开家长座谈会，让家长了解本学期的教育目标和任务、活动内容，帮助他们认识到不同年龄幼儿的教育目标是不同的，并请他们提出建议和意见；设立"家园联系栏"，张贴公布班级一周的活动计划和内容，让家长了解到幼儿一周的活动，以便配合教师的工作，共同实现教

育目标；通过"家长志愿者进课堂"的活动来帮助他们理解幼儿园教育。

2. 教师要有目的地引导家长进入课堂为幼儿组织活动，如从事特殊职业、有特长或对幼儿园教育认识存在偏见的家长，均可邀请其作为"家长教师"进入课堂，让他们在亲自参与幼儿的活动中体会幼儿园教育活动的价值。

3. 和家长一起记录和评价幼儿的发展，帮助家长从中学会参照教育目标了解和评价幼儿的发展情况，也让家长深切感受到教师在关注每位幼儿的成长与进步。评价结果可以作为新教育目标的制定依据。

4. 每学期坚持开展家长开放日活动，将多姿多彩的活动内容通过各种形式呈现给家长，让每位家长真正明白幼儿的玩就是学习，每位幼儿在玩的过程中探索着未知的秘密。

算命不可信

江苏省海安县高新区胡集幼儿园　常林华

案例描述：

辰辰是我们班身体发育比较快的幼儿，平时很少因为生病的原因而请假不来园。一次晚上辰辰妈妈打电话向我询问道："老师，今天辰辰在幼儿园里跟别的小朋友打架了吗？"我根据白天的观察详细地向她述说辰辰今天在园的一日活动以及辰辰在活动中的各种表现，听完后她就挂电话了。第二天辰辰妈妈又打来电话说："老师，昨天夜里辰辰又发烧又呕吐，一夜没睡好，今天帮他请个假。"教师表示知道了并进行记录。第三天、第四天，辰辰继续请假，请假缘由依然是发烧、呕吐。第五天早上，辰辰妈妈带着幼儿一起来到教室，执意要陪同辰辰在幼儿园半日，交涉无果后只好让家长陪同了半日。中午吃完午餐，辰辰妈妈走了。可没想到几天后，辰辰又发烧了，辰辰妈妈打电话质问我："孩子在幼儿园到底有没有被吓到？"我感到很蹊跷，每个幼儿的在园活动都是在教师的密切关注下进行的，并没有发生什么意外。在做了大量工作后，辰辰妈妈终于说出了她怀疑的理由，原来他们帮辰辰算了命，算命先生说辰辰在幼儿园碰了不该碰的东西，受到了惊吓才会夜里发烧、呕吐的。我立刻询问:"您带辰辰去医院检查过了吗?"辰辰妈妈回答:"没有啊!受了惊吓去医院看有什么用!"在我一再劝说下,辰辰妈妈表示带幼儿去医院做检查,检查结果是幼儿的肠道免疫能力低下导致发烧,经过打针、吃药,辰辰很快好了起来,辰辰妈妈也保证以后不会再误解教师和幼儿园了。

案例分析:

中国是一个受封建统治长达几千年的一个国度,人们信佛教,讲迷信。在现代文明的冲击下,"迷信"已经不再被多数人信仰,但是在农村中仍有部分人对此深信不疑。在此案例中,辰辰妈妈作为一位年轻妈妈在幼儿生病时不选择相信科学而去相信算命先生,幸好最后听取教师的建议去了医院,没有延误幼儿的病情,否则后果不堪设想。辰辰平时上学都是爸爸妈妈两个人一起接送,看得出家人对他给予了很深的爱,包括在上述案例中辰辰妈妈的表现也是因为爱子心切,因此我们在做家长工作的同时也要照顾到家长的心情。案例中除了辰辰妈妈封建迷信,教师的工作也没有做到位,在第一次辰辰请假之时,如果跟辰辰妈妈沟通一下辰辰的病情便不会有接下来的事情发生了。

最后,则是家园宣传工作未能到位。班级面对家长所开通的健康课堂未能达到预期效果,没有能够将科学的育儿知识及时传达家长。家长深受迷信思想的侵害有社会历史原因,也与家园宣传工作不到位有关系。如果教师经常给家长们宣传一些科学的育儿知识,家长就不会在幼儿生病后只想到去算命了。

指导策略:

一、及时了解幼儿未来园原因,及时传递最新育儿理念

辰辰妈妈是一位典型的农村妈妈,她关爱幼儿,很在意幼儿的健康,只

是她用的方式错了，她没有想到带幼儿去医院检查而是带着迷信心理去找算命先生，在教师的再三劝说下才带幼儿去医院。正因为辰辰妈妈缺少科学育儿理念，这个时候教师需要做的就很多，同时也反映出教师就此事中的失误。辰辰第一次因为身体不舒服未来园，教师只是进行了简单的登记，至于辰辰是在家休息还是去医院检查，教师对此并没有进行询问和记载，于是错过了提醒家长带幼儿去医院检查身体的最佳时期。面对这种情况，教师应及时询问幼儿的就诊情况，及时发现并纠正家长不科学的观念，杜绝类似的事情发生。

在家园联系工作中，教师往往比较重视交流的内容，容易忽视掉交流的及时性。除非班上某位幼儿发生了特殊情况，教师才会联系家长进行交流，其实最新育儿理念的交流很讲究及时性。虽然说"亡羊补牢，为时未晚"，但是在幼儿身心发展过程中每个环节都很重要，"差之毫厘，失之千里"，不要等到糟糕的事情发生了才去想办法弥补，正所谓"防患于未然"就是这个道理。

二、加强家园共育工作的广度

在如今网络信息高度发达的时期，教师可以利用多种途径宣传科学育儿知识，如班级群、学校网站、家园联系栏或者班级集体活动，等等。向家长宣传各方面的科学育儿经验。我们平常比较偏重于宣传健康、安全方面的育儿知识，忽略了家长学历水平参差不齐。我们在关注幼儿健康安全的同时也应加强家园共育工作的广度，应将共育工作扩展至方方面面。比如：在此案例中教师需要指导家长树立正确的儿童观，知道幼儿是一个有血有肉的独立个体，他有自己的发展顺序，在其连续发展过程中不可避免地会收到外界各方面的干扰，面对这些干扰幼儿自身从生理到心理会做出相应的反应并自我调节，在这一系列的调节与被调节的过程中幼儿得到了成长，这些并不是神灵能决定的，而是幼儿的自然成长规律。

三、加强家园联系的密度及力度

家庭是幼儿教育不可缺少的伙伴，家长在幼儿教育过程中的作用不低于教师，因此教师在平常的家园联系中不光要增大广度，也要加强密度及力度。每日的晨间接待以及离园交接是教师跟家长面对面交流的机会，教师可以结合幼儿的在园表现有针对性地给予家长育儿指导，或者直接跟家长进行育儿交流。这样面对面的交流可以更直接、更快捷地了解家长对幼儿教育的观点；或者每周利用学校网站对幼儿发展过程中会出现的各种问题进行答疑解惑；或者每月利用家园联系栏将最新的育儿信息传递给每位家长等。

惹祸的沙池

江苏常州新北区河海幼儿园　郝卫锋

案例描述：

早上，笑笑奶奶来到幼儿园跟我说："昨天晚上回家洗澡的时候，发现笑笑衣服里有很多沙子，她说是在沙池玩的时候，小朋友丢在她身上的，老师你多关注一下。"我答应了，并特意告诉笑笑要注意，不要把沙子弄到自己身上。第二天，奶奶又说起了沙子的事情，然后让我看着笑笑，不让笑笑到沙池那里玩。沙池对幼儿有一种很强的吸引力，我没有资格阻止笑笑不让她去玩，但是在离园之前，我专门查看了笑笑的衣服、头发，确定都没有沙子。但是第三天，笑笑奶奶脸色很不好地对我说："到底是谁欺负我家孩子？笑笑还是说有人往她身上弄沙子，你们老师怎么照顾孩子的？"后来，奶奶给笑笑请了假，笑笑三四天没有来幼儿园。我打电话问情况，正好是奶奶接电话，她说："每天都有人欺负笑笑，有人向她身上扔沙子，你们老师也不管，不用再去幼儿园了。"后来打电话给笑笑妈妈，笑笑妈妈说："没关系，小孩子难免的。"但是笑笑妈妈比较忙，顾不上这事儿，我们还是需要跟笑笑奶奶多交流。

案例分析：

幼儿天生喜欢沙子，每天的户外活动时间，沙池区域总是人来人往，络绎不绝。面对幼儿的自由选择，作为教师，不能直接干预，禁止幼儿活动。奶奶比较关注幼儿的身体健康，见到幼儿身上有沙子，就认为是受到了欺负，还把责任怪罪到教师身上。奶奶的态度和行为，直接影响了幼儿的选择，尤其拒绝来幼儿园，对幼儿发展更不利，严重违背了幼儿的成长规律和认知发展水平。

指导策略：

一、重视思想引导，正确看待玩沙现象

在以往的经验中，我发现幼儿爸爸妈妈与教师是同龄人，在沟通上比较容易。不过，爸爸妈妈平时工作较忙，很少关注幼儿的教育和成长，只有在家长会的时候才能见到，接送幼儿次数很少。对于这种情况，可以让爸爸妈妈帮助教师与奶奶搭桥，缓解教师与奶奶之间的紧张感。教师在与奶奶交流时，不要大谈理论，没有哪个老人愿意听，可以拍摄笑笑玩沙快乐的图片，让奶奶观看。引导奶奶认识，玩沙是幼儿们的共同爱好，在同一个平台进行交流和沟通，能够提高幼儿的适应能力以及人际交往能力。如果禁止幼儿玩沙，等于剥夺幼儿成长的权利，我们也要站在幼儿的角度去考虑问题。笑笑看到别人都在开心地玩沙，自己却不能玩，心里肯定不开心，因此我们要支持幼儿的行为。

二、组织现场观摩，亲身参与活动

邀请奶奶来园，进入幼儿玩沙现场，遇到情况，现场交流。比如，看看幼儿的沙子是怎样弄到身上的？笑笑有没有受欺负？另外，着重观看幼儿探索性行为，并做好记录。幼儿之间的交往形式是游戏，他们把沙子丢来丢去，是游戏的一种表现方式。鉴于幼儿的认知水平和生活经验，无法判断沙子丢在身上后产生的后果，对于幼儿而言，重要的是在游戏中获得快乐和满足。邀请奶奶亲身参与玩沙活动，看看沙子会不会弄到身上。成人在玩沙的时候，会留意，不让沙子弄到自己身上，这样往往失去了玩沙的乐趣。在现实中，只要玩沙子，身上总会携带一点沙子。因此，只有家长亲身体验之后，才能做出正确判断。

三、做好提前预设，架设沟通桥梁

每一个区域都有自己的特色，正如玩沙区域，尽管我们准备了雨鞋，教师在旁观察和引导，幼儿在玩的过程中，还是会接触到沙子，把沙子弄到自己身上。我们应该提前把可能会出现的情况告知家长，让家长有个心理准备。家长是幼儿的第一位教师，有自己的经验和经历。教师在尊重幼儿的同时，也要尊重家长的意愿，在说服不了的情况下可以考虑让幼儿选择其他区域。

俗话说，解铃还须系铃人。教师与奶奶之间的矛盾是因笑笑而起，所以，要重视当事人的作用。笑笑是中班小朋友，有基本的语言表述能力，能对活动中的现象做出描述，尤其是玩沙的心情。教师可引导笑笑回到家跟奶奶说说幼儿园开心的事情，让奶奶对幼儿园生活有所了解，也可以多用画画、表演的形式与奶奶沟通。

四、发挥幼儿自主能力，制作区域标志

从课程资源的角度看，幼儿玩沙就是一个有效的载体。如何安全快乐地玩沙，需要我们进一步探索和思考，由此生成制作标志活动，帮助幼儿们回忆和分享同伴的经验。根据蒙台梭利的教育理念，幼儿的生活、学习就是一种"工作"，他们是独立的人，中、大班的幼儿在与周围环境相处的过程中，会结合自身的经验，进行基本的判断。在课程生成的前后，结合幼儿经验，选择黄色代表提醒，红色代表警示，制作标志。比如红色底板，画一个幼儿向另外一个幼儿扔沙的动作，再画一个斜扛，表示禁止扔沙到别人身上；再如黄色底板，画沙子掉在头上，表示小心沙子掉在头上。

五、实施课程同步，帮助幼儿了解

分享交流是课程的重要组成部分，在游戏结束之后，邀请幼儿来讲述玩沙过程中的心得，分享快乐、不快乐的事情。遇到不快乐的事情，询问幼儿是怎样处理的，比如，遇到同伴扔沙子到头上，多数幼儿选择同样的方法，这样只会让矛盾更加激化。再如，沙子进了自己鞋子，就把鞋子脱掉，倒一倒。面对幼儿的处理方法，教师要科学引导。当幼儿与同伴发生矛盾或冲突时，尝试用协商、交换、轮流玩、合作等方式解决冲突。

在创设新的区域之后，应该搜集图片，以讨论的形式来了解区域的玩法以及要注意的事项，比如滑索区，手不抓紧，容易掉下来；沙袋区，力气太大，会撞倒同伴；玩沙区，不小心把沙子弄到别人眼睛、耳朵里是很危险的。总之，幼儿是一个独立的个体，成人没有权利去剥夺幼儿尝试、探索世界的权利，我们应该学习"牵着蜗牛去散步"的精神，给幼儿一个适应的过程。

"无底洞"来啦!

江苏省苏州叶圣陶实验小学幼儿园　王　静

案例描述:

每年九月都是新生入园月,这时幼儿园里总是充满一幕幕难舍难分的景象。晓晓,一个土生土长的东北农村的幼儿,依恋感特别强。每次来园,总是一会儿拉着奶奶的衣服,一会儿拽着奶奶的胳膊,一会儿又抱着奶奶的大腿,嘴里不停地喊着"我不去幼儿园""我要回家"……在晓晓看来,幼儿园里充满了陌生和恐惧,不管教师表现得如何亲切,在他看来就像大坏蛋,把他和奶奶分开了。而每次,奶奶总是在保安的劝告下才依依不舍地离开,离开时还常常偷偷地躲在门外的窗口看一会儿,边看边抹眼泪。

每次用餐时间,晓晓总是最后一个,为不影响集体活动的开展,教师会督促幼儿尽快用餐,在集体用餐快结束时,教师就只能请晓晓单独到门口用餐。晓晓明显不当回事,一会儿坐在地上,一会儿东张西望……根本无心用餐。可能因为工作关系,晓晓爸爸妈妈常常不来接送幼儿,均是晓晓奶奶一人接送,于是教师就和晓晓奶奶口头反映了这一情况,谁知晓晓奶奶用浓重的东北口音反问:"晓晓回家说,老师总让他到门口吃饭,这是怎么回事啊?"教师很费劲地听着这个浓重的东北口音，理解意思之后立马进行解释。但晓晓奶奶还是很生气地说："小朋友都在桌子上吃饭，以后可不能再这样对我们晓晓了！"

周而复始，晓晓的用餐习惯没有任何改善，于是教师及时和幼儿妈妈进行沟通，而晓晓妈妈希望教师多费心！教师提出家园配合谈谈对策，晓晓妈妈却以工作忙为由，要求教师把晓晓在园表现多拍些照片、视频发给她。刚开始，晓晓妈妈看到幼儿许多快乐的游戏、生活场景，表现得很高兴，但逐渐又提出特写镜头多一些……就像一个无底洞，没完没了。

案例分析：

九月新生入园，这是幼儿园一年中最忙乱的日子，也是最考验教师能力的一个环节。案例中所描述的现象，其实在幼儿园是非常常见的。来自不同家庭、拥有不同个性习惯的新幼儿，性格不同，分离焦虑的程度也不同，需要教师去熟悉；还有很多常规的保教工作、教学任务需要教师去完成；更有众多素质不一、类型不同、年龄各异的家长需要教师去面对。由此总会产生很多的新问题，教师、家长、幼儿都需要互相适应。

案例中的奶奶过于轻信幼儿的话，在晓晓奶奶的观念中，不管事情的前因后果，幼儿的话总是对的。纵然小班新生天真可爱，但在描述事实时欠缺完整性的说明，常常易导致各种误会的产生。家长不问过程，只看到单一、片面的结果，更容易导致各种歪曲事实的现象出现。但教师做得也不好，欠缺巧妙的沟通，不善于做解释工作。就像案例中的教师只会一味迁就，后来才导致晓晓奶奶的不理解和晓晓妈妈的一再提要求，长此以往，给家长的无节制提供了充足的空间，并且问题也得不到解决。

指导策略：

新生入园季，如何与不同家长打交道，特别是遇上了不理解教师工作，刁难型、无节制的家长，是一个需要深层次思考的问题。当家长误解幼儿的话或片面的理解幼儿的话时，教师需要及时地对事情的前因后果做出解释，说明如此的结果是在怎样的情景中产生的。当沟通无效时，教师首先要冷静分析沟通失败的原因，然后尝试采用迂回的沟通策略。

一、巧选沟通对象，进行理性沟通

案例中的晓晓奶奶，因过于相信幼儿的话，在与教师说明情况时，明显情绪有点过激了。在这种情况下，教师一定要理智，控制好自己的情绪，不要急于辩解，耐心等家长说完，然后一一向家长解释，尽量避免与家长抬杠。教师巧妙地绕开语言表达困难、态度强硬、性格固执的晓晓奶奶，主动和幼儿家庭中较开明的家长——晓晓妈妈进行沟通，是一个相对比较明智的选择。但之后因缺少理性的说明，只会一味的满足，造成晓晓妈妈的无节制要求，教师需要进一步调整沟通策略，进行理性沟通。

二、善于巧言巧语，取得多方信任

在向家长反映幼儿情况时，除了用发送照片、视频的方式，教师更需要充分发挥语言艺术的魅力。沟通时，注意维护家长的自尊，不当着其他家长和幼儿的面反映幼儿缺点，同时遵循"一表扬二建议三希望"的原则。充分考虑家长的心理承受能力，注意说话的态度、语言的技巧和分寸，尽量积极、正面、具体地向家长反映幼儿在园的表现，尊重家长、真诚地帮助他们认识教育工作的艰巨性，减少单纯的"告状"，注意先扬后抑，先肯定优点，后点出不足。注重单独与家长沟通，共同商量解决问题的方法。在反映幼儿在园的一些缺点时，教师更要注意措辞，避免用一些过激的词语伤害到家长的自尊。可以多使用就事论事的评价方式，以及发展性的评价，客观地评价幼儿。既有横向比较，又有纵向比较，使家长全面了解幼儿的发展水平，从而对幼儿提出合适的要求。

三、搞好家园互动，引起情感共鸣

对待不理解幼儿园工作的家长，如晓晓妈妈在后期沟通中表现出的无节制，尤其要热情、真诚、主动，可邀请家长参与开放日活动，让家长直观地了解幼儿的在园情况，促使他们反思自己的教育态度，改变原有教育观念。比如邀请晓晓妈妈来园观摩幼儿活动，在多次的观察中，家长会渐渐发现自己的孩子和同龄幼儿相比所存在的差异，然后主动找教师沟通，通过家园配合，使幼儿的行为得到改善。不论多难沟通的家长，只要辅以灵活巧妙的方式，把握好家长的心理，因人而异，对症下药，注重以心换心，真诚相待……让他们感觉到教师确实是为幼儿着想，那么摩擦就会少一点，关系就会比较融洽些，家长工作就会更有成效。

怎么又要带东西？

浙江省丽水市莲都区老竹镇中心幼儿园　吴旭勇

案例描述：

"各位家长好！为了丰富我们的自然角，请家长明天让幼儿带一盆植物来幼儿园""各位家长好！为了增加游戏的趣味性与丰富性，请家长周一带一个纸箱来"等，想必很多教师跟我一样，为了开阔幼儿的视野，获得更多有益的知识，我们常常会让家长带各类物品来幼儿园。然而在某天早上，鑫鑫的爷爷对着我大声说："你们这些老师，是把我们家长当成收破烂的吗？一下子让我们带纸箱，一下子让我们带瓶子，孩子放你们幼儿园是让你们教他读书写字的，不是让你们教他收集破烂的！"我刚想开口解释，鑫鑫的爷爷却转身走了。当天中午，我寻思可能是我在发信息时没有告知家长我们开展活动的意义与益处，才导致个别家长（比如说鑫鑫的爷爷）对我们产生了误解，于是我利用中午休息时间，与鑫鑫的爸爸进行了电话沟通，谁知鑫鑫爸爸却对鑫鑫爷爷进行了"一番教训"，导致在离园时，鑫鑫爷爷气冲冲地过来，指着我说："别以为你告诉了我儿子，我就怕了！"然后拉着鑫鑫就走了。

案例分析：

通过上述案例，我们发现，鑫鑫爷爷在对待"带物品"这件事上，存在着三个"急"。一是"行动急"，在班级教师发出多次带物品通知后，鑫鑫爷爷未与班级教师进行沟通，而是直接指责，可见鑫鑫的爷爷是个急性子的人，遇到自己认为不对的事，容易冲动；二是"思想急"，爷爷认为带废旧物品会导致幼儿收集"破烂"，从他指责教师的话语中能看出他并不了解教师让幼儿带废旧物品的用意，并主观地认为收集废旧物品是对幼儿不利的，于是着急孙子学不到知识；三是"脾气急"，在教师跟鑫鑫的爸爸沟通后，他自认为是教师告了他的状，不分青红皂白对教师又是一番指责。面对这样的家长，教师在发"带物品"消息时，应详细说明意图，过于简短的消息容易造成家长误会，还有就是在与鑫鑫爸爸沟通后，缺少提醒鑫鑫爸爸与鑫鑫爷爷沟通时应注意的分寸，这些地方教师也有责任。

指导策略：

此事件后，我就在思考，幼儿园教育少不了家长的支持和配合，但是让家长带物品次数多了，难免会让一些家长觉得烦，这二者之间的矛盾需要教师通过自己的智慧来化解。

教师层面：

一、理清脉络，告知活动思路

从上述案例说起，教师在让家长带废旧纸箱时，可以做到"三告诉"，效果可能会好很多，同时也能让家长看到教师的诚意，在很大程度上降低了排斥感。

1. 告诉活动的意义。

教师让家长带废旧纸箱，是为了启发幼儿的环保意识，但是这个家长并不知道，尤其是爷爷奶奶辈的家长。

2. 告诉活动的过程。

在编发短信时，清楚地告知家长所带的物品是让幼儿拿来做什么用的。

3. 告诉活动的效果。

纸箱可以一物多用，不仅丰富了游戏的趣味性，幼儿在探索纸箱玩法时，还发展了创造力。当家长发现一个小小的纸箱能带给幼儿"创造力"时，他们一定会积极配合的。

这样一来，可以将上述案例中的消息进行如下修改：

原信息：各位家长好！为了增加游戏的趣味性与丰富性，请家长周一带一个纸箱来幼儿园。

修改后：各位家长您好！为了增加游戏的趣味性与丰富性，请家长于周一带一个纸箱来园。纸箱收集好后，我们将提供给幼儿进行游戏，幼儿可以拿着纸箱抛，发展其投掷能力；幼儿可以排放纸箱，进行跳跃，发展其跳跃能力；幼儿也可以探索纸箱的"一物多玩"，促进其创造力的发展。请各位家长利用周末时间，准备好纸箱，谢谢您的配合！

二、认真思考，做好沟通

这起冲突是由爷爷引起的，然而教师却是跟鑫鑫的爸爸沟通，但鑫鑫爸爸不是当事人，因每个人理解不同就会曲解其中的意思。从鑫鑫爷爷接鑫鑫离园时说的话能看出，他估计是遭到鑫鑫爸爸的批评了，所以教师一定要认真思考，怎样的沟通有效，可以在鑫鑫爷爷接鑫鑫离园时与之当面说清楚：

1. 表达歉意。

教师与鑫鑫爷爷再次碰面时，教师先表示歉意，拉近彼此间的距离，为后续沟通奠定基础。

2. 说明情况。

若想让鑫鑫爷爷彻底打开心结，教师应说明带纸箱的用意，以及鑫鑫此次的收获，获得鑫鑫爷爷的支持。

3. 用心倾听。

在得到鑫鑫爷爷的理解后，静下来倾听一下鑫鑫爷爷的感受，让鑫鑫爷爷发表一下自己的建议，双方通过互动交流，擦出教育火花。

幼儿园层面：

在发生"带物品"事件后，教师可以聚集在一起探讨，如何规避此类事件的再度发生。

一、邀请祖辈家长参与幼儿园教育

经过调研发现，年轻的家长基本能理解教师的做法，但是祖辈老人的思想还停留在以前，看到让孩子玩就不舒服，他们并不明白"玩中学"的意义。为此，可以开设"爷爷奶奶大讲坛"之类的活动，专门开设祖辈家长会，告知他们现在的幼教理念，让长辈参与幼儿园活动，争取他们的理解，共同促进幼儿的健康发展。也可以组织祖辈召开家长会，通过理论支持、具体案例来交流幼儿教育等。

家园共育对于家庭和幼儿园而言是一个共同成长、共同学习的过程。对家长而言，走进幼儿园，为他们提供了丰富的教育经验；对幼儿园来说，它为教师提供了一个改进和提高自己教学水平的方法。通过家园合力，不仅促进了幼儿身心健康的发展，也让学前教育百花齐放。

二、父母是教师与祖辈沟通的桥梁

由于年轻家长工作性质原因，大多时间，教师都是与祖辈沟通，但是由于祖辈思想观念较为滞后，我们在开展各项活动时，得不到很好的配合与支持，对此，可以实行"三步骤"来落实跟祖辈的沟通。

1. 布置任务。

在开家长会中，明确指出祖辈也是我们班级的重要组成部分，希望爸爸妈妈能在家中多让祖辈参与幼儿的教育。

2. 理论指导。

若想走进一个家庭，应先将教育理念宣传出去。比如在家访时，可以要求祖辈也在场，教师结合具体案例，与这个家庭分享家园合作所带来的成效。

3. 成果展示。

邀请班级内成功的沟通案例的家长来园进行心得分享，教授观念滞后家长听取他人经验。

真会"省事"的幼儿园

四川省成都市金苹果银都国际幼稚园 谢 洁

案例描述：

为了提高大班幼儿的自我服务意识，促使幼儿养成良好的饮水习惯，我们建议幼儿自带水壶到园，除了集体饮水时间用幼儿园提供的水杯之外，也可以用自带的水壶自主饮水。收到通知后，家长们陆陆续续地为幼儿准备了水壶，只有贝贝妈妈没有给贝贝买，并且还在班级微信群里发送了一条消息："幼儿园现在可真会省事儿，连水杯都不用洗了，要让孩子们自己带。"

看到这条消息，负责的教师马上回复消息："小贝妈妈，你误会我们了，让幼儿自带水壶是为了培养他们自主喝水的习惯，以后上小学也是自带水壶的。再说，幼儿用自己的水壶，很方便带出去参加户外活动，口渴了立马拿来喝，不用大费周折地回到教室。"

小贝妈妈接着说："培养孩子喝水的习惯一定得用自己的杯子吗？每天带来带去多麻烦呀！"

看到小贝妈妈不理解，班主任出面给她强调了幼小衔接中培养幼儿自我服务意识和自理能力的重要性，其中自理能力包含了自主饮水这一习惯。

然后小贝妈妈"哦"了一声便没有继续纠缠。

第二天，小贝带着水壶入园了……

案例分析：

小贝是家里最小的幼儿，上面还有一个哥哥和一个姐姐，爸爸妈妈四十多岁生她，平时特别的疼爱，生怕她受一点点委屈，偶尔小贝放学回家头发稍微有点乱，妈妈都会认为是教师没照顾好她，对小贝有点过度保护。在这样的状态下，幼儿园让幼儿自带水壶，妈妈就认为是在给幼儿添麻烦，是幼儿园想偷懒，所以才会那么激动地指责幼儿园。

指导策略：

一、告诉家长锻炼幼儿自理能力的重要性

生活自理，简单地说就是自我服务，自己照顾自己，它是一个人应该具备的最基本的生活技能。幼儿生活自理能力的形成，有助于培养幼儿的责任感、自信心，以及自己处理问题的能力，对幼儿今后的生活也会产生深远的影响。但现在的幼儿，大部分依赖性强，生活自理能力差，以至于不能很好地适应新的环境，所以，培养幼儿的生活自理能力至关重要，我们要把这项能力的培养作为教育活动的重要内容之一。

为了幼儿的发展，教师有必要去引导家长意识到自理能力的重要性。在具体操作上，可根据家长的特点选择不同的途径。比如爱看书的家长可推荐育儿读物，并做读后交流；不爱看书的家长可通过家长PQ会、家长沙龙，直接向家长传递教育知识；爱刷朋友圈的家长，教师可以经常在班级微信平台、班级群里分享培养自理能力方面的文章；对于爱与人聊天的家长，教师可以用聊

天的方式向他们传递育儿信息、分享教育经验，等等。只有让家长认识到幼儿自理能力的重要性，他们才会更主动配合教师的工作。自带水壶能帮助幼儿控制自己的饮水量，随取随喝，促进幼儿自主饮水习惯的养成。水壶方便带到户外场地，户外活动中口渴了不用跑回教室喝水，节约时间，同时又锻炼了幼儿物品收纳的好习惯，增强了自理能力。

二、让家长明白家园配合的重要性

《纲要》中指出："家庭是幼儿园重要的合作伙伴。"仅仅把家长看成被动的配合者，只替教师做一些辅助工作是远远不够的，教师应本着尊重、平等、合作的原则建立家园双方新型的合作伙伴关系。在新型关系中，家长不仅要积极配合幼儿园的工作，更应主动参与到幼儿园活动中去，并努力发挥自身的优势，与教师一道共同成为幼儿教育的"主导性"。所以，教师应该通过组织家长学习、研究、讨论等方式让家长了解到家园共同配合的重要性，从而形成一致的教育目标，促进幼儿的发展。

有用的百宝箱

河北省石家庄市直机关第一幼儿园　赵　丽

案例描述：

　　这周的操作活动主要是制作熊猫、乌龟、蛇三种动物，在操作前和幼儿们讨论制作三种动物所需要用的材料和制作方法，小可说："可以用以前制作糖葫芦的泡沫球来制作熊猫，找一个大的泡沫球做身体，找一个小的泡沫球做头，然后连接在一起，再画上眼睛、嘴巴耳朵。"二宝说："可以用橡皮泥搓成条，再贴点其他颜色的花纹，做成蛇。"哲哲说："我要用果冻盒做乌龟的身体，再用超轻黏土捏出头、尾巴和四肢放上去。"……幼儿们议论纷纷，活动热情高涨，半个小时的操作活动很快结束了，幼儿们拿着自己的作品摆到各个场馆，只有哲哲坐在座位上没动，教师走过去问他："哲哲，你用果冻盒做的小乌龟好了吗？"哲哲怯怯地把一个画好的乌龟拿给我说："老师，我的百宝箱里没有果冻盒，也没有超轻黏土，本来我想找个小盒子做，可是也没有小盒子，只有一些纸，我只能画一个乌龟。"教师笑笑说："哲哲画的小乌龟真可爱，你可以把它剪下来，放到乌龟馆的楼梯上让它晒太阳，今天晚上回家你可以告诉爸爸妈妈你要用的材料，你们一起准备好，明天带来，再重新做一只乌龟，好吧？"哲哲听完，脸上露出笑脸，只是万万没想到第二天，哲哲妈妈很不开心地埋怨道："幼儿园不准备材料吗？什么都让我们弄，那让孩子上幼儿园做什么？"而旁边的哲哲则委屈地看着教师。

案例分析：

虽然哲哲妈妈只是抱怨一句，但情况却引人深思，幼儿们在苦于无材料可用，而不能把想象变为现实。关于准备材料，大部分家长嫌麻烦不想费时间去准备，也有部分家长认为教师总让准备这个、带那个，教师倒是轻松了。面对这一现象主要原因如下：

1.教师对家园共育工作没有足够重视。

新《纲要》指出："通过各种有效的途径使幼儿园与家庭建立一种合作、互补的关系，在双向互动中，唤醒家长的主体意识，转变其教育观念，提升其教养水平，家园携手，共育幼儿健康成长。"但是通过此案例发现，该教师对家园共育工作并没有足够的认识和重视，而是觉得把需求告知了家长，是家长没有积极响应，丝毫没有反思自身的原因，这反映出了教师在"家园共育"工作上存在着态度与方法的偏差。

2.部分家长对家园共育意识淡薄。

部分家长认为，教师总让带一些东西，准备起来很麻烦，而且有时总是准备得不合教师心意，教师的工作都让他们来做了，教师倒是轻松了。很显然，他们认为反正来了幼儿园，幼儿的教育就归教师管，和他们没有什么关系，教师让准备的东西是负担，所以不积极。这说明了他们对家园共育意识淡薄，他们不了解家园共育对幼儿的成长和发展起到的作用，更不知道家庭必须也承担起教育幼儿的责任。

指导策略：

一、让教师和家长深刻了解家园共育的重要性

可以通过教师培训、家长会、家长开放活动、园内网络平台等方式让教师和家长深刻学习和了解家园共育工作对幼儿各方面发展和成长的重要性，让双方都明白家庭要与幼儿园的要求相统一，这包括幼儿园一些生活、学习常规习惯，教育活动的实施开展等。让双方知道只有家园合力、要求统一，幼儿的良好行为习惯和学习品质才容易形成，否则，步调不一致，幼儿无法分辨是非，不知该按谁的办才好。可以让幼儿、家长、教师一起配合来为活动做准备，一起搜集材料，三方都清楚明白所要完成的目标任务是一致的。

二、教师把任务、要求布置详细清晰

可以召开活动前期家长会，为家长详细介绍所要开展活动的终极目标。而在布置亲子任务前，在家长会时说明，亲子之间一起进行的准备工作可以提升和发展幼儿的哪些能力，促进和培养家长幼儿之间的哪些情感，让家长认可，并支持工作，如需要提前了解的内容或百宝箱需要准备哪些材料，让家长做到心里有数。

三、让幼儿学会和家长沟通自己的想法和学习需求

在让幼儿了解主题活动内容的同时，也要教幼儿学会和家长沟通自己的想法和学习需求，如制作前给幼儿布置任务，让幼儿回家给爸爸妈妈讲一讲自己要制作的动物和需要的材料，可以让家长根据幼儿的需求随时补充材料。教

师组织活动时，让幼儿们讨论制作动物及场馆设施需要的材料大概有哪些，并用图画的形式在黑板上做图表汇总，然后给幼儿每人打印一张小表，让幼儿学习自己检查百宝箱内的材料缺少什么，就在哪个材料上画钩，想出的新的材料也可以用图画的形式在表格上进行补充，每周五把表格带回家，和家长一起按照勾画的物品进行准备。这样的方法不但可以保证材料的多样化及后续供给，而且让幼儿在图表汇总、筛选、交流、表达等能力方面得到提升。

四、学会利用榜样带头作用

在召开中后期家长会时，利用榜样作用，影响和带动其他家长积极参与到家长助教活动中来，如给家长展示一些幼儿们用不同材料制作的作品、亲子作品和材料准备丰富的百宝箱，并重点表扬材料准备丰富、关注幼儿后续材料填充、主动完成亲子作品的家庭，这样不但给其他家庭一个榜样作用，还可以让正能量带动班级助教的整体发展。通过展示和教师引导，让家长重视培养幼儿的想象力和发散思维，让家长知道材料准备得丰富和匮乏对幼儿的能力发展的作用，让家长明白只有给幼儿的想象插上一对翅膀才可以让它自由飞翔！

我不想上幼儿园了

山东省莱阳市实验幼儿园岭秀城园　周晓丹

案例描述：

分班不久后的一个早上，彤彤来到幼儿园后便开始大哭大闹。我来到彤彤身边，试着想要抱起安慰她时，她用手指着我歇斯底里地喊："我不想看见你，你给我走！"彤彤妈妈不忍心看着幼儿继续哭闹，便对我说："老师，今天我先带她回家吧，回家后我给你打电话，有些事情想问问你。"因为班里陆续来了其他的幼儿，我就答应了彤彤妈妈。

后来，彤彤妈妈给我来了电话，第一句话便问："老师，彤彤为什么看到你就说不想见你？是不是在幼儿园发生了什么事情？"可以听出彤彤妈妈的声音明显地有些不高兴。我连忙向她耐心解释，告诉她教师绝对不会做伤害幼儿的事情，让她放心，并在最后建议她明天像往常一样把彤彤送到幼儿园，由我试着和彤彤沟通一下。

第二天，彤彤妈妈按时把彤彤送来了幼儿园，彤彤看到我后又开始大哭大闹，并且一直说着"妈妈，你吓死我了"，彤彤妈妈开始不高兴起来，并说："老师，我们彤彤从来没有这样闹过情绪，为什么一上中班就变成这个样子了？"听语气，明显是怀疑我们对幼儿做了什么。我耐心安抚了彤彤妈妈的情绪，说："我希望把彤彤留在幼儿园，让我和彤彤沟通一下，看看问题究竟出在哪里，毕竟不能一直这样，问题总是要解决的，只有找到原因才能让幼儿的情绪稳定下来。"

彤彤妈妈走了后，我耐心与彤彤进行沟通，终于知道了原因。原来，每当彤彤在家里不听话的时候，妈妈就会说"你再不听话我就不去幼儿园接你了"之类的话，彤彤是个心思细腻、敏感的幼儿，而且在她闹情绪的前一天，妈妈来接她晚了，其他幼儿陆续被家长接走，最后班里只剩下彤彤一人，我陪着彤彤等了好久才等来她的妈妈。彤彤害怕妈妈真的不来接她回家，所以小小的心灵留下了阴影，不愿意再来幼儿园。

我耐心开导了彤彤后，及时与彤彤妈妈通了电话，告诉她彤彤情绪不好的原因，彤彤妈妈听了恍然大悟，态度也有了转变，一番误解终于雨过天晴。

案例分析：

对于彤彤妈妈的想法，身为教师是可以理解的。因为当幼儿在妈妈面前指着教师说出"我不想看见你，你给我走"这句话的时候，家长们通常都会认为教师是不是伤害了幼儿或者对幼儿造成了恐惧。幼儿随口说出的一句话，就可以轻易让家长把怀疑的眼光看向教师，甚至把矛头指向教师。身为幼儿教师，我们知道规范自己的行为是必备素质，绝对不可以做出伤害幼儿的事情，同时我们也应该从专业角度来看待这个问题，当幼儿的情绪发生变化时，我们应该及时走进幼儿的"内心"，耐心与幼儿沟通，一步一步地去了解幼儿情绪不好的原因，然后在了解根源后，及时与家长进行沟通，并且适当地给家长一些建议，从而科学育儿。

指导策略：

一、学会理解，面对家长的怀疑与指责应保持心平气和

幼儿每天的幼儿园活动都在我们的视线内，家长们把幼儿送到幼儿园后就开始各自忙碌，在幼儿园所发生的一切事情除了听幼儿讲述之外，就是跟教师来了解情况。每个幼儿都是家长手心里的宝，当幼儿受了委屈之后，家长第一个想到的就是询问教师，特别是幼儿意有所指的话语，更会让家长起疑心。所以面对家长的怀疑，我们应该保持平和的心态，一定要理智，控制好自己的情绪，不要急于辩解，耐心等家长说完，然后再和家长一一解释。我们要从家长疼爱幼儿的角度理解家长的心理，并且从关爱幼儿的角度来谈论问题，这样更易于让家长接受。

二、及时观察幼儿的情绪变化，耐心倾听幼儿的心声

幼儿之间表达情绪的方式不同，有的会很明显地表现出来，不论是他的面目表情还是肢体语言都会透露出一些信息。平时多留心观察，就会及时看出幼儿的情绪变化。当我们察觉到幼儿的情绪变化时，就要及时与幼儿沟通，因为在这个时候，一些负面影响很容易给幼儿留下阴影，他们也许正渴望有人来关心自己，或有人来愿意听自己说等。当幼儿不愿意说的时候，我们不要急于去探索他的秘密，要耐心地等待在一旁陪着幼儿，并告诉幼儿："你心情不好，我理解你，我会在这儿一直陪着你。"我们的真诚会让幼儿感受到我们对他的关心和重视。

三、相互配合，与家长一起做好幼儿教育工作

幼儿的成长离不开教师和家长的一致配合。教师把新的教育理念传递给家长，双方共同努力，及时沟通。我们每天都会面对班级里不同类型的家长，面对不同类型的家长我们的方法也有所不同。

（1）学习型：这类家长有一定的知识储备，他们既懂得教育幼儿又关心幼儿。注重幼儿的全方面发展，会经常主动来和教师沟通，和教师交谈时能够直言不讳地说出幼儿需要成长的地方。这类家长能够重视幼儿近阶段的表现并且以身示范去影响幼儿。

（2）忙碌型：这类家长整天忙碌于工作，大部分时间是老人帮忙照看幼儿。将幼儿全权交给老人照顾，虽然说他们整天忙碌于工作都是为了给幼儿创造好的生活条件，但是对于幼儿的内心世界他们并不了解，很多时候找不到适合的教育方法。案例中彤彤的父母就属于忙碌型，彤彤在家里不听话的时候，家长一着急就会说出一些负面的话，导致彤彤不愿意去表达，心理非常敏感。面对这样的家长，我们要主动与其沟通，告诉幼儿近阶段的表现，说说幼儿的优点，及时引导家长如何和幼儿相处，让幼儿感受到父母的关心。

在照顾幼儿的过程中，难免会出现这样那样的问题，幼儿年龄小，情绪容易出现波动和异常，这个时候就需要教师与家长一起寻找原因。毕竟，教师与家长都有一个共同目标，都是为了教育好幼儿，让幼儿更好地成长，共同的爱可以让教师与家长的距离拉近，使双方在幼儿情绪出现波动或异常时，能够第一时间相互沟通、相互配合，共同做好幼儿的安抚与沟通工作。

贝贝为什么不开心

江苏省南通市通州区先锋幼儿园　曹　燕

案例描述：

自主游戏开放的时间到了，幼儿们欢畅在自己喜欢的游戏区域里，有的合作拼搭，时而静思时而激动；有的沉浸在自己的作画中，时而飞墨画画时而停笔冥想……快乐从每个角落传来，空气中弥漫着欢乐的气息。而我，举着手机穿梭在幼儿们中间，时而踮起脚跟时而弓箭迈步，拍下这些美好瞬间，没有一个做作的表情，一切都是那么自然、那么和谐。

中午，幼儿个个进入甜美的梦乡，而我却忙着把所有的照片传到班级QQ群。群相册可以长久地保存图片信息，在那里保存着幼儿们大量的活动照片，那里是我们和家长联系的纽带。等把所有照片上传好以后，我在群公告里告诉家长们今天幼儿的活动实况。不一会儿，家长们传来了快乐的回应……一个中午，心里都是暖暖的。就在这时，QQ群跳出一条信息，贝贝妈妈说："曹老师，为什么贝贝不开心？"与我搭班的新教师一脸茫然地看着我，我连忙在QQ群里回答说："没有啊，今天的孩子们没有争执，一切都很和谐。"贝贝妈妈立即把一张照片传过来，我一看，原来那张照片是贝贝搭的城堡垮塌了，而我恰恰捕捉到了贝贝懊恼的表情，其实故事还有后续，后来好朋友成成帮忙重新建起了属于她们的快乐城堡。我把过程说给了贝贝妈妈听，贝贝妈妈说："原来是这样啊，那就好，还以为她受什么委屈了呢。"事情就这样过去了，与我搭班的新教师却一脸委屈地说："曹老师，我们忙前忙后水都没顾得上喝，家长还这样，心里真憋屈。"我安抚她说："其实，家长有这样的反应也很自然，只要我们坚持，让家长们能了解幼儿在园的一日生活，有开心的时候也有不开心的时候，一切都是正常的，相信家长都能理解的。"

案例分析：

在该案例中，看似一个普通又寻常的事情，却直射着当今幼儿园教师与家长之间的沟通和相互信任的问题。教师整天打了"鸡血"似的，以百分之百的工作状态与可爱的幼儿们在一起，如何很好地与家长沟通取得家长的理解和信任也是一门教育艺术。教师在班级里，要具备眼观六路耳听八方的本领。现在是信息化时代，微信群、QQ群是一把双刃剑，有时候教师们的"一番苦心"却不能换来相应的回报，这样的局面会导致一些教师望而却步，产生多一事不如少一事的想法和做法，比如案例中年轻教师就觉得自己委屈，自己的满腔热情却换来家长的不理解甚至埋怨。与家长交流时造成的误解，教师要正确对待，幼儿教师是一个很具挑战性的职业，这个职业工作琐碎，但是创造性却很强，需要教师具备一定的耐心和强大的定力，家园的合力教育是我们不断研究的新课题，只有让家园合力教育才能让幼儿健康、快乐成长。

指导策略：

"家"与"园"之间良好的沟通是幼儿园教育必不可少的内容。我国教育家陈鹤琴老先生也说过："幼儿教育是一种很复杂的事情，不是家庭一方面可以单独胜任的，也不是幼儿园一方面能单独胜任的，必定要两方面共同合作才能得到充分的功效。"《纲要》中指出："家长是幼儿园重要的合作伙伴，应本着尊重、平等、合作的原则，争取家长理解、支持和主动参与，并提高家长的教育能力。"然而现在有许多的家长因为工作繁忙，很少有机会与教师进行面对面的交流，同时又非常渴望与教师沟通，了解幼儿在园的一日生活。这个时候，班级QQ群、微信群等现代化通信工具成为了"家"与"园"之间联系的纽带。那如何把握好平台使用的度呢？

一、用心经营现代化通信工具

QQ群、微信群等联系平台像一个温馨的店铺，也是需要教师用心去经营的，那里不仅仅是你发布通知的平台，更是与家长沟通的纽带。要把家长当成朋友一样去对待，时不时要发布新的信息。现在的家长对育儿很重视，但是如何科学育儿，很多家长并不清楚，这就需要教师平时多传达相关信息。家长对教师不信任，那就发布一些相关文章，尽量让家长去理解教师的工作；家长对教师的教育方式不理解，那就多发布一些教师采取这样教育措施的理由。通过这些文章的发表宣传，让家长逐渐能认识到自己在幼儿的成长过程中的角色定位，这样才能关注幼儿园教育。

二、耐心回答家长问题，消除误解

家长在微信平台和QQ群经常会问各种各样的问题，如果教师不能做出耐心细致或者真诚的回答，会让家长对教师产生误解，逐渐丧失与教师沟通的欲望，从而与教师的距离疏远。因此，教师要乐于与家长沟通交流，对家长提出的问题要真诚、耐心地做出回答，让家长全面了解幼儿在园的状况。发现问题时教师要主动与家长沟通，让家长感觉教师在关心幼儿成长，从而增进彼此之间的情感。

三、细心发现，多传图片

每个家庭都有不同的生活环境和教育方式，教师应该细心发现幼儿的生活背景，对每个幼儿的个体差异，要采取不同的教育方式，与家长沟通也一样应注重因人而异。每个家长都希望能动态地掌握幼儿在园的一日生活，教师应该多上传图片，让家长们了解幼儿每天在幼儿园表现如何、玩了什么游戏、吃了什么食物等，当一切都成为常态化时，家长便不会过度关注自己的孩子有没有在镜头里，而是把重心放在幼儿的成长中。

照片里没有我儿子

山东省邹平县青阳镇醴泉幼儿园 董 婷

案例描述：

小毅是本学期新转到中一班的幼儿，性格比较内向、羞怯，适应新环境的能力较弱，让教师们有些头疼。某日，幼儿园为了让幼儿们更生动、直观地了解、认识秋天，亲近大自然，体验集体同游的快乐，组织全园幼儿前往公园进行秋游活动。游湖过程中，教师在几处景点前抓拍了一些幼儿照片，最后集体拍照留影，其乐融融。晚上，班主任将照片发到了班级群里，让家长们了解班级活动。可是小毅妈妈却气冲冲地在群里说："老师，你发的照片里没有看到我儿子，你们就这么偏心吗？还有座位也安排在最后一排，就是欺负我儿子是新去的吗？本来他胆子就小，还这么不关心他！家长们你们看，照片里有几个孩子总是站在前排，人家拍得多好，其他家长你们看到了吗？"在小毅妈妈的煽动下，有几位家长也表示了自己的不满。"老师，我女儿也是总站到最后。""老师，你们得提升提升拍照技术啊！好几次活动的照片都拍得不好看。"……教师看到个别家长的留言很伤心、很气愤，于是在群里说："各位家长，我们好心好意把幼儿们出去游玩的照片发给你们看，是想让你们了解幼儿的一日活动，重点不是去拍照，是让幼儿去感受大自然的美。游玩过程中幼儿的安全很重要，拍照没有照顾到全体幼儿是我们的疏忽，但也因我们精力有限，请各位家长体谅。"最后几位闹事的家长不说话了，并于次日晨间接待时，一一向教师道了歉。

案例分析：

家园互动的方式需要不断地创新，创新是为了更好地进行家园共育。班级QQ群这一家园互动新平台的产生，由传统的一对一的家园互动方式转变到多角色、全方位家园互动方式，能有效地利用全方位的教育资源，同步教育幼儿，及时了解班级动态，促进家长和教师之间的真诚互动，建立良好的家园关系。然而本案例中QQ群风波却影响了家长和教师之间的关系，从案例中可以看出家长对幼儿园开展活动的关注点、关注方式和支持程度不同。部分家长能对幼儿园组织的活动有主动关心的意识，也有一部分家长由于不了解活动的意义和拍照的缘由，一味在意活动中教师对幼儿拍照的关注程度，误以为教师偏心而引起她们的不满。案例中可以看出小毅的妈妈脾气属于暴躁型，我们能够联想到当小毅达不到她心中的要求时即遭到责骂，这样很容易让幼儿变得自卑、胆怯，幼儿长期在压抑紧张的家庭环境中也容易变得敏感、脆弱。

指导策略：

真正实现家园良好互动，关键是要通过教师与家长真诚的沟通和交流，使幼儿、家长和教师共同得到提高，家园共育才会与时俱进，才能真正培养幼儿健康快乐地成长，我们的家园共育才会更有效率，更有价值，更有生机。

一、掌握与家长沟通的艺术

1.营造良好的班级群氛围，促进家长之间的良性沟通。

与家长建立良好的关系，是开展家长工作的前提。对于家长提出的关于班级工作和幼儿发展的问题，要采取有问必答、不回避的态度，确保家长的问题能得到及时的应答。班级教师应利用QQ群这一平台，尽量提高班级教育与服务质量，争取家长的信任。

2.利用多种形式与家长沟通。

可以利用晨间接待、家长会、家长约谈、微信语言等方式，进行主动、深入的交流。矛盾看似已平息，其实家长与教师间已有隔阂，如何缓解冲突，赢得家长的理解和支持，真诚的沟通就显得十分重要，要主动积极地与家长寻找教育幼儿的最佳切入点。

二、实施家园同步教育

幼儿园可以通过家长学校、家长会等途径聘请或播放专家学者的讲课，转变家长的教育观念，提高家长的育儿水平，掌握科学的育儿知识和正确的育儿方法，力争实现家园教育的无缝对接。

幼儿园还可不定期组织家长参与幼儿园教育，如家长开放日活动、家长义工活动等，让家长全方位、零距离地了解幼儿在园的学习生活情况。由此更加了解幼儿、了解幼儿园教师遇到的困难以及工作的辛苦，实现家园信息的双向沟通，从而促进家园关系更加有效、和谐与融洽。

三、帮助特殊幼儿建立自信

1.积极正面引导家长,帮助幼儿建立良好的自我形象。

自我形象是自己对自己的看法与评估。由于幼儿年幼,他们对自己的看法与评价一般先来自于成人对他的看法和评价。幼儿自信心的形成与父母的引导有密切关系,因此,父母需要尊重幼儿,帮助幼儿建立良好的自我形象。在日常生活中,父母要尽量把幼儿当成与自己平等、独立的人,有意识地创造机会让幼儿参与一些家庭的事务,与幼儿讨论一些事情,让幼儿感觉到自己的能力以及父母对自己的信任。在幼儿表现出自信的时候,及时给予积极的表扬和鼓励;当幼儿表现不自信时,家长可以教幼儿运用积极的自我暗示法来激励自己。引导幼儿学会积极的自我暗示,能够使幼儿从对某件事的良好感觉中扩散出去,从而增强良好的自我感觉。

2.创设与同伴交往的机会,鼓励幼儿大胆与同伴交往。

同伴交往给幼儿带来的影响是幼儿发展中不可缺少的重要部分。幼儿之间的交流不同于师生之间的交流。幼儿与同伴在交往时处于相互平等的状态,会更容易使他们自由交流、讨论。在这样的交流中幼儿既随意又积极主动地保持自己的独立性,而且幼儿间交流所用的语言是彼此间最能理解的语言,这样的交流所具有的效果是教师的直接指导所不能达到的。形成良好的同伴交往能力的过程是幼儿学习规则、掌握交往方式和方法的过程,这就培养了幼儿的社交能力。

3.关注幼儿内心的需求,引导幼儿合理宣泄情绪。

对于比较内向胆小的幼儿,不愿意向教师或伙伴表达自己的想法和感受,可以利用他们的兴趣爱好,鼓励他们大胆表达。比如,有的幼儿喜欢卡通人物,不妨在娃娃家创设相应的条件,给他与卡通娃娃独处的时间,鼓励他将想说的心里话告诉卡通人物，教师可在旁边安静、仔细听他与卡通人物的对白，并模仿卡通人物的声音录下帮幼儿解决问题的录音，等幼儿再来到娃娃家时，就能收到卡通朋友的建议。几次以后，幼儿可能会从中学到不少方法，试着与同伴交往，慢慢适应环境。

"画影子"引发的风波

重庆沙坪坝新桥医院幼儿园　徐文静

案例描述：

　　自从有了班级微信群，家长和教师的沟通越来越方便。这个周日晚上，有几个家长在群里给幼儿请假，而涵涵的妈妈却发了这样一段文字："老师，我觉得现在这个天气，以后还是不要让孩子躺在地上玩了，容易生病。"看完这段话，我突然想起上个星期五组织的"画影子"活动：两个小朋友为一组，一个人躺在地上，另一个人将他的"影子"用粉笔画出来，然后再给影子画上眼睛、鼻子、嘴巴等不同的部位。幼儿们玩得不亦乐乎，同时我也用手机拍下了活动照片，下班时发在微信群里与家长分享幼儿的喜悦。想到这里我赶紧回复了一条信息："涵涵妈妈，谢谢你的建议，如果因为那次活动让孩子生病了，我感到很抱歉。"

　　涵涵妈妈马上给我回复一条信息："老师，我没有责怪你的意思，就是那天早上好像还下了雨，所以……"

　　我不知道该怎么回答她，也不知道其他家长如何看待这件事。就在这时手机"嘀嘀"响了几声，我收到了几条私信："徐老师，你不要在意涵涵妈妈的话,那么多孩子躺在地上都没生病呢。""徐老师,鸿鸿最喜欢你了,每天回家都告诉我和你玩了什么游戏。""徐老师,我支持你,你对孩子们的用心,我们都能看得见。"……

看到其他家长这些温暖的话,我的泪水情不自禁地流了下来。我给涵涵妈妈发了条私信,对生病的涵涵表示了慰问,也对上次活动进行了反思,表示再组织活动的时候多注意场地的选择,一定把幼儿的健康放到第一位。

案例分析:

这一批幼儿我从小班开始一直带到大班,不论是与家长还是幼儿都建立了深厚的感情。涵涵是这学期刚刚来我们班的,我与涵涵妈妈的沟通交流还比较少,故而掉以轻心。事实上,在活动前,我观察了操场的塑胶跑道是干的,符合活动要求;活动中,幼儿们玩得投入尽兴,非常快乐,我和配班教师也加入其中,躺在地上让幼儿给我们画影子;活动后,教师们及时帮助幼儿隔背整理衣物,喝水休息。案例中最开始有家长为幼儿请病假,实际上这些幼儿本来就生病了,正好让不知情的涵涵妈妈碰上,误以为这些孩子都是因为躺在地上导致了感冒。刚看到她发的消息时,有点难过,幼儿生病并不是教师所想,但后来站在家长的角度思考,天气确实越来越冷了,幼儿躺在地上比较容易着凉,家长担心幼儿生病也在情理之中。

指导策略:

一、交换角色,多站在对方的角度思考问题

记得在幼儿园入学家长问卷调查中,有一项是:"对幼儿的成长,您最关心的是什么?"绝大部分家长填写的是健康和品德。作为家长,希望幼儿送入

幼儿园能每天健康开心，培养良好的行为习惯。所有的教师也都朝着这样一个目标去努力实现。都说幼儿教师必须具备五心：爱心、细心、耐心、童心、责任心，不论少了哪一颗心都没办法完成工作。这一次在组织活动的时候，教师没有考虑到天气的原因，加上这段时间幼儿生病请假较多，导致了个别家长的误会。好在教师能及时进行自我反思，站在家长的角度去思考问题，不仅化解了矛盾，也更加具备了责任心。

二、眼中有幼儿，主动与家长沟通交流

家长将幼儿送入幼儿园，都希望教师能多关注自己的孩子，从教师的口中了解到幼儿在幼儿园的情况。教师也应主动将幼儿的表现及时和家长沟通，这就要求教师必须做到"眼中有幼儿"。在当天的活动中，观察幼儿有没有什么特别突出的表现，牢牢记在心中，在与家长交流的时候，将这些特别的表现及时转达给家长。尤其是对特殊家庭或特殊儿童应格外关注，比如有一些幼儿吃饭能力比较差，有些幼儿不容易入睡，有些幼儿胆小不爱表达等，教师应增加对幼儿的关注，通过每天入园或离园时，将幼儿的表现情况及时向家长反馈，只有真正将幼儿放在心中，才能和家长沟通时有话说，家长才能更加配合教师的工作，家园共育促进幼儿健康成长。

三、正确使用互联网沟通，避免矛盾恶化

现在基本上每个人都有手机，微信、QQ这些聊天软件方便快捷，人与人之间更加容易亲近，但是，如果不能够正确使用互联网，家长们在群里无所顾忌地发表自己的意见，不但不能解决问题，反倒会引起不必要的事端。上面的

案例中，涵涵妈妈直接在班级微信群里将自己的想法表达出来，向教师提出建议，会让其他家长也对教师产生不良情绪。但令人庆幸的是，其他家长看见留言并没有在群里直接发表意见，而是选择发私信给教师，这样不仅避免了家长与教师之间的矛盾扩大，也避免了家长和家长之间矛盾的产生。所以，教师尊重幼儿、尊重家长，如果幼儿有一些隐私可以私下和家长沟通，同时也建议家长们，如果对教师有建议或意见，可以和教师私聊，这样不仅更容易解决问题，也在一定程度上维护了微信群的和谐。

四、相互信任，共同建立美好的家园沟通平台

家园沟通如果没有信任，幼儿、教师及家长之间将会是一团糟。幼儿信任教师，才喜欢上幼儿园；家长信任教师，才会放心地把幼儿交给教师。案例中的教师，遇到了一个家长的误解，但其他家长看到消息后立刻给这位教师张开了温暖的怀抱，让教师留下了感动的眼泪，这份信任是金钱换不来的，相信在以后的工作中，因为这份信任，教师会更加尽职尽责地做好自己的本职工作，而家长也能更加放心地将幼儿交给教师。家长和教师的沟通是非常有必要的，我们不仅要提高自身的专业技能，善于解决矛盾，也要耐心做好家长的思想工作，家长与教师之间只有搭上了信任的桥梁，才能让家园共育更加美好。

一张月饼券

四川省成都高新区和美实验幼儿园　刘冬梅

案例描述：

这几天，班级QQ群里的气氛有些不一样，有家长"大张旗鼓"地在群里呼唤其他家长加微信群，说是有要事讨论。神神秘秘的感觉让教师有些疑惑，难道最近班级工作有让家长们不理解的地方？还是其他事情需要集体探讨？班级三位教师仔细思考良久也没有找到原因。

几天后，到了放学时间，一位家委会妈妈走过来，给三位教师送来了一张月饼提取券，说是中秋节到了，全班家长感谢教师的辛苦，是送给我们的礼物，希望教师能更加细致地照顾幼儿。三位教师一致觉得这份礼物不能收，于第二天早上，把月饼券还给了家委会妈妈，说明感谢家长们的心意，并且表示教育幼儿是我们的职责，会一如既往地做好自己本分的事情。本以为这件事就这样结束了，却没想到两天后收到一份快递，里面正是退回去的月饼券。没办法，等到下午放学，我们留下家委会代表，深入沟通了这件事，让家长们放心，说我们将会对每一个幼儿一视同仁，而且会一如既往地对每一个幼儿负责。

最后，大家一起想办法解决月饼券的事情，借班级开展的"中秋节主题活动"，利用月饼券取出月饼，分给小朋友吃。

案例分析：

从表面看，是全班家长为了表示对教师兢兢业业教育幼儿的感谢之情，然而这种行为的背后还带有其他想法，比如送礼物让教师对幼儿更好一些，带有某些目的的送礼行为是不可取的。可是为什么流行送礼呢？

1. 希望教师可以对幼儿照顾得更加细致。

幼儿们到了大班，自理能力都有了很大的提高，因此凡是能够自己做的事情教师会鼓励幼儿自己做，然而很多生活在双方祖辈以及父母羽翼下的幼儿，自理能力较差，家长就希望通过送礼，来换得教师对幼儿的关注和照顾。

2. 希望教师可以更加平等地对待每一位幼儿，不苛刻自己孩子。

一个班集体，三十几名幼儿，每一个幼儿都有自己的长处和短处，然而在家长心里都希望教师能把自己的孩子放在首位，当教师没有顾全每一位幼儿的时候，家长就会觉得教师忽略和苛刻了自己的孩子，希望通过送礼，得到教师的"公平对待"。事实上，在一个集体活动里，即使教师已经尽可能多地请一些幼儿发言和表现，仍不能顾全每一位幼儿是不是都得到了照顾，这些特殊时候希望家长能够理解。

3. 网络媒体对教师的各种误解和抹黑。

网络媒体对教师的各种误解和抹黑，黑化教师在家长心中的形象，家长会担心教师惩罚和体罚自己的孩子，送礼会让她们安心一些，同时这也说明了对教师的信任度不够。

4. 教师在某些事情上处理不够明朗，让家长产生误会。

教师在日常工作中肯定是以幼儿为先，有些活动会从集体的角度来考虑，这样不可避免地就会忽略家长的想法，特别是在有些事情的处理上没有给家长解释清楚，让家长产生误会。

指导策略：

一、明确拒绝，以正师风

不管是为了对教师表示感谢，还是对教师有期望值，凡是涉及钱物的送礼行为，我们都应该明确拒绝，以正师风。要给家长端正思想，提高家长对教育的认识，让家长明白良好的、纯粹的教育环境更利于幼儿的成长，而送给教师最好的礼物就是对班级及幼儿园工作的理解、配合和支持。

二、让日常工作透明化，减少家长误会

很多误会都是因为不了解导致的，因此，在工作中有必要让每一次的事件都清晰透明，避免教师根据幼儿平时表现做出的决定，让家长误以为不公平。比如选小朋友当升旗手，可以提前一天告诉全班家长要选升旗手这件事，并提醒家长监督幼儿在家练习走正步。第二天的活动通过照片或视频传给家长看，让家长了解到每个幼儿都有参与，小朋友们在公平竞争升旗手。又比如班级要配合年级组组织童话造型走秀活动，因为有固定名额限制，在这种情况下，教师可以提前在班级群里通知家长自愿给幼儿报名，额满为止，这样没报上名的家长也不会觉得教师有偏心。每一件涉及小部分幼儿参加的活动，最好都能够提前和家长沟通，这样可以减少很多误会，也不会破坏家园关系。教师在关注幼儿的同时，也要关注到家长群体，这样才能建立和谐稳定、相互信任

的家园关系，共促幼儿成长。

三、科学引导，动员家长委员会，成为家园沟通的有效桥梁

很多时候，教师忙于班级和学校的工作，在家长工作这一块投入精力有限，这时可以把家长委员会的作用发挥起来，让家委会成员做好班级工作与家长之间的沟通。开展活动时，让家委会当好班级的宣传委员，从家委会的角度出发，更能让其他家长信服教师和幼儿园。

四、重视并开展好每一次家长会

家长会是所有家长认识和了解教师及幼儿园的一个良好途径。教师与家长平时的沟通时间比较少，不能很好地体现教师的专业性和学习的系统性。每期两次的家长会是一个很好的契机。学期初我们要以专业、科学的角度和家长沟通本期的学习重点，幼儿会从哪些方面得到发展，家长需要配合哪些方面的工作等，使家长做到心中有数。等到期末家长会时，教师把本期工作及幼儿的发展详细记录，做成PPT，以课件形式，展示给家长看，家长看到幼儿的进步和发展，会感到非常欣慰。

怎么又换老师

江苏省南通市通州区先锋幼儿园　曹　燕

案例描述：

九月伊始，由于幼儿园有教师工作调动和多个教师待产，作为园长的我不得不同时兼任大一班教师工作。在班级微信群里，跟各位家长公布这件事情，不承想一下子点燃了微信群。一个家长说："怎么又换老师？我们班从小班开始就每年换一个老师，这样很不好！"另一个家长说："幼儿园是不是有问题？总是这样换来换去，我们是不是该到园长室去反映反映？"看到家长炸开花般的疑虑，我心中的那股热情有点蔫了。

这个班级情况较为特殊，小班升中班时有个教师调动去其他学校了，换了一个班主任；中班下学期保育员在家摔跤导致粉碎性骨折就休养了，学校不得不把一个新毕业入编的教师安排做了保育员；现在又因为一个教师工作调离，另一个教师待产，我便带着一名年轻教师补位，一下子这个班的教师差不多都是新的，也难怪家长会有怨言。站在家长的角度考虑，我很能理解他们的心情，我组织了一下语言，讲明自己有将近二十年的教学经验，最后还幽默地说："每年都换教师，以后你们就不必担心孩子们的适应能力了，相信我们重新组合的家庭不会令你们失望的。""原来是曹园长！我们孩子有福气了！我大女儿就是她教的呢！"琪琪妈妈一番话，瞬间让沸腾的班级群安静了下来。

案例分析：

现在家长对学前教育的重视是空前的高涨，他们非常注重一个幼儿园的教学质量和师资水平，家长们希望幼儿上幼儿园能遇到好老师，也希望幼儿从入园到毕业都不要更换教师。他们认为幼儿小，从小班进入幼儿园以后由陌生到熟悉，幼儿和教师建立亲密的依恋关系需要一段时间，对教师建立了信任感后，换教师就破坏掉了这种建立起来的亲密关系。因此，当家长产生抵触情绪时，教师要给予理解，并告知换教师的原因，消除家长们的负面情绪。

指导策略：

《纲要》中指出："家庭、幼儿园和社会应共同努力，为幼儿创设温暖、关爱、平等的家庭和集体生活氛围，建立良好的亲子关系、师生关系和同伴关系，让幼儿在积极健康的人际关系中获得安全感和信任感，发展自信和自尊。"因此，建立良好的家园关系是至关重要的，是幼儿健康发展的良好条件和必要前提，家长与教师的相互信任、彼此依赖更是建立稳固家园桥梁的坚实基础。

一、普及幼儿园换岗缘由，换取家长的理解

首先要让家长们了解，幼儿园存在着特殊性，现在绝大多数幼儿园都是女教师撑起一片天，但女教师也带来了方方面面的问题：家庭、生产、子女、自身发展等，都将成为她们工作稳定的障碍。尤其年轻女教师要面临的结婚、生产一系列的因素，这是一个很现实的社会现象，有些幼儿园甚至有可能遇到女教师扎堆待产，所以，作为家长，应该给予理解，这是一个永远无法回避的

问题，幼儿园能做的就是做好协调工作。再者，就是教师的自身发展，古语云："人往高处走，水往低处流。"当教师有了足够的经验、阅历及名誉后，会有更好的选择等待她们。

二、主动与家长沟通，合力呵护幼小童心

教师要主动与家长沟通，让家长们明白，与教师分离这种事情，早晚会到来，随着幼儿的成长，这样的现象还会碰到很多次，早发生也未必是坏事，年龄越小的幼儿，分离焦虑往往比年龄大的幼儿来得容易，多接触不同的教师，对幼儿的适应能力和人际交往能力会有很大的帮助。教师要告诉家长对幼儿园更换教师有看法和不满时不要把这种情绪传递给幼儿，排斥情绪不仅会伤害到教师，对幼儿适应新教师也是百害无一利。家长应告诉幼儿们，教师的离开有他们自己的安排，他们依然爱着幼儿，新来的教师也会爱他们，这样让幼儿能更好地接受新教师。

三、积极做好班级工作，让家长与幼儿感受爱的氛围

教师要让家长和幼儿能尽快地接受自己，首先要尽快融入幼儿和家长的世界，让他们感受到教师真诚的爱。教师要学会换位思考，想家长所想、急家长之急，把家长当成朋友，把幼儿当成自己的孩子，用耐心、细心、爱心去对待他们。其实，每个家长和幼儿心底都有一把"秤"，那是用来衡量和比较在他们心中原有教师的形象和关爱的筹码，新教师只有付出更多的关爱才能填满他们心底的那份缺憾。只有尽快熟悉每个幼儿的特点，开展多种多样的活动，邀请家长来园参观，才能进一步增进彼此之间的感情，让家长了解和接纳新教师的加入。

餐费上涨

山东省威海市环翠区孙家疃第一幼儿园 戚 巧

案例描述：

根据市场物价涨幅，幼儿园餐费由原来的每日三餐一天10元调至12元，本以为各位家长会理解，不想却引起风波。自从涨费通知发出后，家长群就不曾消停。

辰辰妈妈说："标准在提高，费用也在提高，但愿各个方面都同步提高。"

保健医在群里回应道："新的食谱已经在班级门口家园栏里贴出，各位家长可以看一下，或者幼儿回家后询问一下都吃了什么。"经保健医这么一说，不想家长的不满更加激烈了。

帛帛妈妈说："我儿子只知道有面条和包子，其他的没记住，到底都有啥就不知道了。"

保健医解释道："上周食品监督局、妇幼保健院领导检查食谱，高度评价我园伙食制订科学、有营养，这个请各位家长放心。"

曦曦妈妈说："菜谱写得好不等于吃得好。"

面对如此多的反对声音，我作为园长马上在群里回复："感谢家长朋友们的畅所欲言，经比较，附近同类园都已经将餐费提到了一天12元。大家也知道物价的飞速上涨，我们幼儿园一直是按照食谱进行伙食制作，不是以营利为目的，是为了保证幼儿能吃上健康、科学、营养的饭菜，可是现在幼儿园食堂已经连续两个月亏损了，伙食费提价是根据市场物价及幼儿园的收支情况决定的，请各位家长朋友们给予理解。"

此消息一发，反对声音不再嚷嚷，也有个别家长出来替幼儿园说话，最后对餐费上涨表示理解。

案例分析：

虽然调费事情可能会招致部分家长有意见，但各位家长的实质反应超乎了预料。这就需要在涨费之前，事先把涨费之事跟家长沟通，试探一下家长们的反应。涨费是幼儿园中的大事，仅仅生硬地发个通知，会遭到家长的排斥，比如通过家委会、伙委会，让它们真正发挥作用，让家长参与到幼儿园的日常管理当中，或者向每个家长发放涨费问卷调查表，说明此次涨费的原因，征集汇总所有家长的意见和建议，尤其说明幼儿园连续亏损的现状，将心比心，家长们会理解幼儿园的做法的，这样效果会好得多。

指导策略：

一、发布信息要选择适宜的场合

家庭是幼儿园工作的重要合作伙伴，幼儿教育离不开家园的携手同步。为了确保家园沟通的顺畅，除了日常常见形式的沟通，还可以利用现代信息技术建立QQ家长群、班级论坛、微信等网络平台，不时开展线上、线下的互动交流。在现代化家园关系中，如果沟通畅通，互尊互信，会令工作事半功倍，如生双翼；反之，则会如鲠在喉，影响良好的合作关系。QQ家长群虽然进行沟通极为便捷，但也是一面"双刃剑"，日常的话题讨论、经验分享及学习提升是非常好的方式，而敏感话题是不适于在群中讨论的，极易引发家长的负面情绪，从而扎堆起哄，把事情扩大化、复杂化。最好还是选择在线下沟通，即幼儿园内。沿用传统的方式邀请家长入园开会，幼儿园领导班子成员全体参与，通过园长介绍幼儿园每周如何进行幼儿食谱制定、每月如何进行伙食营养分析，来保证饮食科学合理，营养均衡；后勤主任则向家长说明伙房如何进行采购，如何对各种食材进行加工、处理和科学制作，幼儿园不买反季果蔬，不使用添加剂，以保证营养最小化的流失；财务人员公布近期每月食堂账目收支情况，让家长们真实了解幼儿园目前存在的实际困难，也让家长说一说自己的想法和有什么好的应对建议。面对面的介绍说明、互动讨论，让家长在家长会上有话语权，从而最终达成家园双方共同决定。对于不能前来参加会议的家长，则可进行线上补充，通过家长群及班级微家园APP，介绍家长会流程、会议内容和会议所做的决定。

二、注意沟通的艺术性

沟通需要用"心"交流，需要注意语言的表达方式和善于运用非语言因素，用真诚、耐心的语气、柔和的表情、委婉的方式进行。而网络交流，一般都是以简洁明快的文字语言进行，相对比较直白，不利于商量重要而敏感的事情，而面对面交流，能让家长们真实感受到幼儿园为幼儿所做的务实工作。另外，就是要考虑家长的个体差异，对不同家长应采用不同的策略，但QQ群是面向全园家长的一个平台，面向所有家长开放，不利于对个别家长做个别沟通。至于在家长群的管理上，除了园方管理员，应从家长群中选拔推荐两名家长信得过的人，关键时刻的客观、理性仗义执言也是非常有说服力的。比如通过班级教师推荐或家长自荐的方式确定家长代表做管理员，可进行日常家长QQ群的管理、答疑。

三、充分利用家长委员会的作用

幼儿园家长群体庞大，来自于不同工作岗位，不便于经常召开家长会。而家委会、伙委会成员都是从各个班级、各个层面挑选推荐或家长自荐而来，有很强的代表性。他们入园开会和参加活动的机会比较多，也经常参观幼儿园伙房、品尝幼儿饭菜，日常能够积极支持幼儿园工作，并有强大的宣传发动的组织能力。通过召开家委会和伙委会，让家长代表们了解幼儿园现状，接纳家长代表们的合理建议，然后由家长代表们进行线上、线下的宣传活动，来做好其他家长群体的心理工作。

四、开展家长进班一日体验活动

各班根据家长的情况，利用一周的时间每天安排部分家长进园跟踪体验一日生活，感受幼儿园先进的教育理念、幼儿在园享受的幸福生活与优质教育，同时体验教师的辛苦与不易。特别是请他们品尝一下他们最关注的幼儿餐品，只有亲身体验了才更加让他们信服。通过系列活动，家长们终于理解了幼儿园的做法，还把体验幼儿园生活的感悟及幼儿们在园生活的照片发到幼儿园的班级论坛里，获得了非常好的效果。

你听说过"100-1=0"吗？

山东省荣成市第一实验幼儿园　史鸿梅

案例描述：

晚上躺在床上，手机突然响了起来，一条微信映入眼帘，我看了一下大概内容，心一惊，马上起身认真读起来：老师，我知道你们很辛苦，对班级孩子照顾得很细心，但是如果不能很好地照顾到每个孩子，就等于零！你听说过"100-1=0"吗？

看完信息，我十分吃惊，晨晨妈妈怎么会有这种想法呢？想到今天早晨和晨晨妈妈交流晨晨在园情况时，由于时间较为紧张，我就直接、如实地向她反馈了晨晨的一些不好的表现。可能问题就出在这里，我不恰当的沟通方式，让晨晨妈妈误解了，认为班上教师因为晨晨调皮而不喜欢他、疏远他。分析过原因后，我打电话与晨晨妈妈进行交流，也证实了我的猜想。我向晨晨妈妈道了歉，并请她放心，我们会细致认真地照顾好每一个孩子。

案例分析：

每个班都会有一些特别顽皮或特别好动的幼儿，教师在与这些幼儿的家长交流时，很容易变成"数落罪状"。其实，我们的初衷都是好的，希望能得到家长的配合，一起纠正幼儿的不良习惯，但是这种方式容易让家长误以为教师不喜欢自己的孩子，从而担心孩子在园得不到好的教育和照顾，导致不能配合幼儿园的工作。家长工作的开展不是一蹴而就的事，面对误会、埋怨和压力，教师要稳住神、莫慌张，先从自身找原因，如果是自己的失职或失策造成的，就要找问题、想办法，学会承认错误、虚心请教、弥补不足。如果是家长的问题，那么要坚持原则、科学引导。

指导策略：

一、"退"是风度，更是智慧

1. 退是一种风度。这种风度就是理解和宽容，不计较家长的语气和态度。面对家长的强硬语气，我们要冷静、宽容和大度，才利于沟通解决问题。

2. 退是一种反思。家长误解，往往也与我们教师和幼儿园有关，我们不了解幼儿家庭情况，与家长沟通太少，不理解家长的心情、面子，对家长的称谓、语气、语调、措辞、场合等不合适，对幼儿关心、了解不够等因素有关，为此，我们应该深入反思。

3. 退是一种智慧。退让、倾听、沉默可以让人冷静、自知，甚至觉悟，避免说话失言，更不至于自相矛盾。

二、"谋"是方法，更是策略

1. 了解家庭状况。每学期升班前，我们要对班级幼儿进行全面的了解，比如家长的工作单位、家长的学历水平，或者到前任班级教师那里了解每个孩子的家庭情况及父母性格等。

2.正确评价幼儿。人之初性本善,这点我们要牢记。教师在和家长交谈时,要正确评价幼儿积极的一面,不可说得一无是处,甚至于说过头话。越是特殊的幼儿,家长越是会关注教师对幼儿的态度和评价,所以我们在与这些家长沟通时,一定要从肯定幼儿身上的闪光点和进步出发,再在愉快的氛围中婉转地提出幼儿的不足。

3.淡化幼儿的缺点和错误。幼儿毕竟是幼儿,教师不能以成人的标准去要求幼儿。家长担心的不是幼儿犯下的错误,而是教师对于幼儿所犯错误的认识与态度,因此,在本来就紧张的家长面前,教师要表达一种愿望,即让家长明白:谈论幼儿的不足,并不是不喜欢或是讨厌这个幼儿,而是希望得到家长的支持,寻找更好的方法来解决问题,以便家园共同引导幼儿形成良好的行为习惯。

4.分次沟通。如果幼儿问题较多,则分次提出,或先提出近期需要配合教育的问题,这样家长们才乐意接受和配合。

5.因人而异采取措施。对"暴躁型"家长,不妨冷处理,以柔克刚,切忌以暴制暴,以躁对躁,这样不但解决不了问题,反而会激化矛盾;对"护短型"家长,要晓之以理、动之以情,用委婉的方式使家长认清护短的危害性;对"踢球型"家长,要设法从幼儿入手,使家长从幼儿身上看到光明和希望,从而理解、信任和感激教师。

三、"借"是外援,更是众智

孙权说:"用众力,则无敌于天下矣;用众智,则无畏于圣人矣。"

1.借助通信工具巧妙沟通。电话联系方便又快捷,既可及时向家长传达幼儿的表现，又可以随时就幼儿出现的问题商讨解决的方法。比如露露小朋友连续几天精神不振而且爱打瞌睡，班上教师看到这种情况后，及时与家长电话联系询问原因，原来是露露看动画片看得太晚了，不愿意睡觉。于是教师跟家长说明长时间看动画片不利于幼儿的身心发展，并告诉家长怎样转移幼儿的注意力，减少看动画片的时间。

2.借助便条是有效的交流。它的内容自然真诚而有意义，虽然只有教师的寥寥数语，却可以把幼儿的情况传达给家长。如写"昊昊小朋友今天很能干，能主动帮老师收拾玩具，如果吃饭吃得好就更棒了"等，都可以成为便条的内容。这样可以密切教师与家长之间的交流，也避免了教师与家长同步上班没有时间交流的尴尬。

3.借助家长开放活动，如运动会、亲子游戏、生日会等。在活动中，一方面让家长通过参观、观摩，全面地了解幼儿园教育，亲眼目睹幼儿在集体中的各种行为表现，客观公正地评价幼儿的能力特长。另一方面也促进家园之间的配合、协作，彼此学习到一些好的教育方法。

4.借助家长互相影响。家长中也不乏各行各业的精英和专家学者，他们在教育方面的许多见解值得教师学习和借鉴。适当的时候，让家长现身说法，往往更能够引起其他难缠家长的共鸣，事情处理起来会变得出乎意料的容易。

四、沟通是技巧，更是艺术

在和家长沟通的过程中，即便家长说了些不妥的话，我们也应抱着"有则改之，无则加勉"的心态去对待，毕竟我们是教育工作者。但同时，我们还要坚守自己的原则，不可摇摆不定，不可胆小怕事，不可妥协迁就。面对一个没有原则的教师，难缠的家长会得寸进尺，让教师更加难堪。我们可以开诚布公地和家长分析问题产生的根源，共同寻求解决办法，并且努力让家长感受到教师对其子女的关爱，相信家长迟早会理解的。

　　家长可以说是最关心幼儿的一群人，他们认为自己所给予幼儿的一切都是最好的，包括对幼儿过分的保护和溺爱。而他们往往在刚开始时会对幼儿教师挑剔万分，甚至还会有点敌意，唯恐自己的孩子在老师那儿受到不公正的待遇，家长的这种"护犊"之情要体谅，"护短"行为要引导，并且用实际行动证明自己是值得信任和托付的人，从而消除家长的戒备心理，逐步和他们成为合作伙伴或朋友。

　　幼儿园教育和家庭教育就像一车两轮，在发展方向上同步，在发展目标上同步，在教育原则上同步，教师与家长沟通是一门艺术，教师只有不断地学习和积累，提高家园合作力度，才能进一步促进幼儿健康和谐地发展。

分班风波

山东省莱阳市实验幼儿园　肖华军

案例描述：

新学期开班第二天早上，刘老师的眼睛红肿起来，原来昨天晚上因为家长对分班的事情有误解，让刘老师彻夜难眠。

辰辰在新学期被分在中一班，辰辰妈妈认为分在中四班的幼儿都是给刘老师送礼了，所以在微信上给刘老师转账，要求刘老师把辰辰分到中四班。刘老师没有同意，就造成了家长误解。

我邀请家长来园面谈，做进一步了解。见面后，辰辰妈妈说："我觉得分在中四班的家长就是给刘老师送礼了，我不差钱，我也可以送礼。"我解释说："刘老师觉得很委屈，一晚上没睡好。我们幼儿园对师德有严格的管理制度，坚决杜绝'吃、请、送'。"

"那为什么我家辰辰没被分在中四班呢？之前的小班生活教师也分在了这个班。"

原来，辰辰妈妈觉得幼儿能和之前的小班教师继续在一个班心里更踏实、安全。弄清楚原因后，我向辰辰妈妈说明了分班原则，如原班幼儿男女均衡分组、教师现场优化组合、教师抽签决定班级幼儿名单等，教师无法决定幼儿分在哪个班级，最后又向辰辰妈妈介绍中一班几位教师的情况，辰辰妈妈听了很放心，满意离园。

案例分析：

新学期伊始是一个忙碌和充满挑战的阶段，教师、幼儿、家长之间的了解、信任都需要一段时间来建立。教师的大部分精力都用在新班级上，可对于家长和幼儿来说，他们的许多情感仍留在原班级教师那里，这其中可能有想念、依依不舍，也可能有不满，无论是哪一种，家长选择倾诉的对象常常是原班教师。上面的案例就是这样一种情况，事情得到了解决，家长了解了其中的原委，可教师却彻夜难眠，如何避免类似的情况发生呢？

1.不容忽视的分班后续工作。

一年的保教工作结束，教师安全、顺利地送走一批幼儿，准备迎接新的幼儿和家长，可就在新老交接的关口，有许多工作值得我们注意，案例中幼儿没能和自己熟悉的小伙伴、教师分在一个班级，就有一种被排外的感觉，以至于引起了一系列的状况。因此，分班前后，许多细节工作需要我们用心做好。例如：原班教师可以把幼儿分到了哪个新班级及时告诉家长，包括外出不能马上到新班的幼儿也一定要通知到，让每个家长心安。幼儿在原班级的衣物、用品、图书、户籍资料等一定要提前发给幼儿，或者交接给新班教师，防止遗失。如果新学期不是月初分班，教师还要做好幼儿入园天数的交接工作，确保与实际入园天数相符。这些细节，需要教师费神费力地去解决，否则会影响幼儿园的声誉。

2.及时发现家长的担心和焦虑。

新学期分班后,部分家长表现出焦虑情绪,像案例中的家长,对幼儿的新班级有些担心,觉得其他班级是好班级,这时,教师应及时察觉到家长的情绪,可以主动与家长交流,试着让家长说出自己的担心,这样做往往能把事情往好的方向发展。

3.用行动诠释师德的内涵。

家长往往用自己的办事、思考方式来对待教师,案例中的家长认为给教师送礼就能达到自己的目的,实际教学中也常有家长通过送礼的行为掩盖自己的担心和不满,这时教师要坚守为人师者的底线,用行动诠释师德的无私和高尚。

指导策略:

一、勇于面对事实

工作中常有像刘老师这样遇到的误会,有的家长误会教师收礼,有的家长误会教师对幼儿态度不好,有的家长误会教师不给幼儿喝水。面对这些情况,有的教师会觉得很委屈,有口说不清,甚至与家长争执起来,这些不但不能解决问题,还会造成恶化。教师要做的就是平静地交流,只要自己没做这样的事情,就要相信误会终会得到澄清,勇于面对事实。当教师在误会面前无法自己解决时,作为幼儿园的管理人员要及早介入。有的教师往往面对误会而不敢和管理人员交流,这时,管理人员就要及时观察、主动询问,让教师放下包袱。必要时可以了解事情经过,多方调查、了解,还原事情真相。

二、积极交流沟通

案例中辰辰妈妈能把自己的担心和怀疑说出来，这就让教师有机会了解到误会产生的原因在哪里，这时，教师不要只强调自己没有做，而要做一个积极的沟通者。学习不带评论地观察和表达，学习全身心地积极倾听，通过倾听，我们能发现他人语言背后的感受和需求，不急于提建议、安慰或表达我们的态度和感受，有了积极的倾听，事情的处理就有了一个好的开端。

三、日常注意细节

案例中家长怀疑教师收礼，有可能是源于日常生活中的某个小片断，所以，教师在日常工作中要注意细节，以免引起不必要的误会。例如：新开班家长会上做出拒收礼品的说明，请家长监督，让家长了解教师的做事风格。平日有家长托幼儿带来小礼品，教师要懂得拒收，不然会造成恶性循环，引起其他家长的效仿，造成不必要的误会。

四、提早发布公告

关于分班的原则，新班级幼儿名单、教师名单的确定方法，可以在分班前做简要的说明，提早发布公告，让家长心里做好准备。遇到个别家长的小需求，如要和某个好朋友划分到一组，教师要提前统计好，这样让家长对分班工作清楚、明了，就不至于为此产生矛盾。

家长会上的意外

河北保定高碑店第二幼儿园　赵素杰

案例描述：

为了让家长更好地配合我们工作，每学期我们都要召开家长会，这次的家长会，我们相对来说准备更充分，原以为会很成功，可是提到幼儿接送卡的问题，为保证幼儿安全，家长要持卡接送，如果请他人代接，必须打电话告知教师，并请代接人签字。这时出来一个反对的声音，琳琳奶奶说："我不同意，代接要打电话，还要签字，那不是给人家找麻烦吗？让谁代接就给谁卡，肯定不是外人，搞得太麻烦了。"琳琳爸爸妈妈都在外地上班，平时负责琳琳的接送就是奶奶。琳琳奶奶说的话引起了其他家长的争议，"老师也是为了孩子安全，这个办法挺好""打电话是为了确认代接情况是否属实，这道程序不能少，签字也是从幼儿的安全角度考虑""琳琳奶奶，我觉得老师的想法是周全的，我们要配合"……其他家长的说法让琳琳奶奶心里更不舒服，她不耐烦地说："你们都这样认为，我不想这样，我身体不好，少不了麻烦邻居帮忙接孩子，人家拿着卡接孩子要签字，还要给我打电话，让我怎么忍心？我做不到！"最后家长会在不愉快的氛围中结束。散会后，琳琳奶奶还到别的班去问有没有这样的情况,还口口声声说教师在刁难人。给她讲道理不成,我们和琳琳爸爸妈妈电话沟通,希望能得到琳琳爸爸妈妈的配合。随着时间的推移,这个问题似乎得到了解决,琳琳奶奶不再说什么了,坚持自己持卡接送,直到半个月后的一天,来了个陌生的小伙子接琳琳,我们给琳琳奶奶打电话,琳琳奶奶气冲冲地说:"小伙子是我大孙子,在上大学,很少回来,琳琳也认识他,再说我孙子拿着卡,你们为什么这样?"教师急忙解释说:"我们也是为了保证孩子的安全。""我不想听!你们再这样做,我们就换幼儿园!"说完把电话挂了,又是一场不愉快。

案例分析:

从琳琳奶奶在家长会上的发言以及后来的所为,不难看出,她的所想、所言、所行,偏离我们的教育方向。但平时对我们的工作也算配合,只要班里、园里的活动,她都积极参与,只是这一次闹得大家不愉快。问题所在是琳琳奶奶不想太麻烦所接之人,从平时奶奶对幼儿园活动的配合来看,她并不是一个不讲道理的人,这主要跟她身体不太好有关,针对这种情况,幼儿园应和琳琳奶奶好好交谈,共同商议出一个较为适合的办法,或者晓之以理让琳琳奶奶知道陌生人接送幼儿的危害,以引起她的重视,有些麻烦是不可少的,幼儿安全第一。

指导策略:

一、沟通,从心开始

琳琳奶奶在家长会上的所言、家长会后的所作,确实令人挠头,但仔细想来,琳琳奶奶也不是故意给教师出难题,是不肯麻烦外人签字、打电话,是出于对对方的信任，考虑的是自己和别人的感受。但站在幼儿园的角度，幼儿园考虑的是幼儿的安全问题。为了和家长达成共识，工作中取得家长的信任和配合，我们进行了换位思考，改变了沟通方式。我们先约琳琳奶奶出来交谈，把琳琳在幼儿园近期表现较好的地方反馈给奶奶，然后再听奶奶谈琳琳在家的表现，当与琳琳奶奶谈开后，适当转移话题，列举社会上陌生人对幼儿做的坏事，让奶奶知道幼儿的安全问题不得有半点马虎，没有捷径可走。签字、打电话确认信息属实才能把幼儿交给他人，这是幼儿园的责任，然后再站在奶奶的角度分析不愿意麻烦别人的做法，对奶奶的心情表示理解，最后让奶奶权衡二者的重要性。通过将心比心的用心沟通，琳琳奶奶认识到教师的责任心，表示配合幼儿园的制度，家园关系更进了一步。

二、改变，从策略开始

家长进课堂活动，可以邀请班级里做警察的家长进行家长助教活动，对其他家长展开安全教育工作，或者播放热点话题"贩卖小孩"的视频。事实证明，这样做取得了很好的效果，当琳琳奶奶看到幼儿在电车上被掠走，幼儿在幼儿园门口被陌生人骗走等画面时，琳琳奶奶的眼圈红了。琳琳奶奶后来的改变，在我们意料之中，不再就接送问题纠缠，甚至还说："还是老师想得周全，以后我要配合你们的工作，以前我的想法太简单了。"之后的日子里，琳琳奶奶总是主动向我们反馈琳琳在家的表现，我们也及时把琳琳在园的情况以及需要家长配合的工作告知奶奶，形成了良好的家园协作关系。

我们还创立了"三分钟故事"离园活动，请家长协助我们每天和幼儿准备关于安全方面的故事，让幼儿讲故事，家长负责记录，有心的琳琳奶奶把幼儿们讲过的故事订成了小故事书，得到了大家的一致赞扬，琳琳奶奶订成的小故事还得到其他家长的追捧，这样更加激发了琳琳奶奶的热情。

三、亲子经验交流，共促成长

经验交流，是提高家长育儿经验的重要途径，在交流中家长可以共享好的经验，改变自身教育的问题。这学期，我们进行了两次经验交流，一次是学期初的自理经验交流，一次就是后来的安全教育经验交流。在安全经验交流中，甜甜妈妈结合自身经历和经验围绕主题"生活中的安全"进行讲解，比如给家里危险的地方贴彩色标识、远离危险的人等，取得了很好的反响，家长们把自己的经验毫无保留地共享。幼儿的教育是一种慢教育，需要我们的耐心和细心，需要我们和家长有效沟通，共同配合。坚持的过程是一个漫长的过程，但惊喜的绽放会带给我们别样的风采。

画在耳朵里的画

黑龙江省虎林市八五六农场幼儿园　黄秀丽

案例描述：

大班的冬冬鹤立鸡群，有一个大大的脑袋，方方正正的脸庞，高高的个子，魁梧的身体，平时不喜欢与教师讲话，偶尔会重复所说话的最后两个字。班级活动时，他大模大样地离开座位，在各个区角里跑来跑去，小朋友们聚精会神地听故事时，他会把玩具洒落一地……

一日入园时，冬冬的妈妈生气地跟班主任教师说："冬冬的耳朵里被别的小朋友画得乱七八糟，你们也不管管！"班主任教师解释说："一下午当班老师都在班级组织小朋友活动，没有听到任何哭闹声。""冬冬说是小强画的，小强经常和冬冬一起玩，他老是欺负冬冬。"班主任教师对冬冬妈妈说："小强虽然调皮，不至于往冬冬耳朵里画画，不然冬冬怎么可能一声不吭地让他画呢？这其中一定有误会。"冬冬妈妈听了顿时火冒三丈，大声说："我们家冬冬有家教，别人欺负他，他也不会打人。冬冬不太会说话，每次有什么事情你们都让他自己弄，我也不说什么了，这次小强用彩笔画在他耳朵里，万一耳朵坏了怎么办？我要找园长，一定要给冬冬讨个说法。"

班主任回班级把冬冬叫到身边询问，冬冬确定是小强画的，小强也承认了，向冬冬道了歉，冬冬原谅了小强。班主任把冬冬领到医务室，幸亏画在耳朵外壁上，医生给冬冬清洗干净，班主任告诉冬冬以后不准别人往自己耳朵里画画，冬冬点点头。

最后，班主任向家长主动承认没有看护好幼儿，并把事情的经过汇报给园长。园长和保健医给家长进行了专业性的解释，家长也承认自己对幼儿的教育有缺失，缺少对幼儿进行安全教育。

案例分析：

冬冬虽然已经上大班，但心智很不成熟，性格内向、孤僻、懦弱，与人沟通能力较差，喜欢自己探究区角里的玩具。冬冬与小朋友之间的交往能力也很薄弱，不会主动和小朋友玩耍，生活上依赖性强，只寻找熟悉的小强玩。

幼儿间的看似游戏的行为其实很危险，面对家长的质问，班主任教师对突发事件的否认态度，引起了自以为证据确凿的冬冬妈妈强烈的不满。面对家长肯定的态度，教师按照常人的思维逻辑说出了假设的想法，更加激怒了家长，引发了家长长久的怨气，直到调查清楚始末，才承认对幼儿照顾不周，在这方面班主任推卸责任的行为值得反思。另外就是配班教师的失误，发生了这样的事故，竟然没有一个教师发现，如果不是冬冬妈妈的"告状"，冬冬受了欺负她们都不知道。从此案例中可以看出，主要责任在于幼儿园教育的疏忽。

指导策略：

一、提高教育能力，做合格教师

著名教育家陶行知先生说过："学高为师，身正为范！没有爱，就没有教育。"幼儿教育是以爱心为基础的事业，师爱是无私的奉献，爱的教育是平等、细心与呵护。冬冬不善表达，行为异于常人，教师更应该蹲下来用爱心关爱幼儿、细心观察幼儿的生活，耐心、平等地与幼儿沟通。根据幼儿的年龄特点和实际能力，耐心细致地进行自理能力、良好行为习惯、交往与合作交流等常规行为能力训练。教师可以运用故事、儿歌、游戏等多种教学教育方法，激发幼儿对各项活动的兴趣，引导、鼓励幼儿不断观察探索、大胆动手实践，把握好生活中的每一个环节。细节决定成败，教师积极的鼓励与赏识，能增进幼儿自尊、自信的情感，使幼儿的身心健康快乐发展。

二、保持理智，真诚地面对家长

当了解家长的诉求时，第一时间应从家长的角度理解家长行为，给幼儿带来的伤害表示难过、痛心。抛开个人的成见与猜想，不逃避、不推诿，真诚地面对家长，取得家长的尊重、信任与理解。每一个幼儿都是父母的心肝宝贝，面对言语过激的家长，教师要心平气和地显示出高度的职业素养，用真诚、热情的态度告知家长，教师会做细致的调查工作，不隐瞒事实，清楚地讲述事情的全过程，以一颗诚心，及时和家长取得沟通，争取重新获得家长的信任和理解。

三、增强幼儿的自我保护意识

安全是幼儿园教育工作的重中之重，开展"自我保护"等安全教育活动，能增强幼儿自我保护意识。教师应抓住教育契机，引导幼儿开展丰富多样的讨论、学习、游戏、训练、实践等活动，让幼儿学会掌握基本的自我保护技能。教会幼儿学会对自己的行为负责，能清楚地认识自己的错误行为，敢于承认和改正。开展主题活动时，可以选择贴近幼儿生活的故事、教师形象趣味的讲解与示范、幼儿身临其境的情境表演，有目的、有计划地促使幼儿在安全意识、安全认知及安全的行为能力等方面得到提高。

四、关注幼儿个体差异，促进每个幼儿发展

教师应该关注幼儿个体差异，有目的、有意识地观察幼儿一日生活常规，关注幼儿语言表达能力、身体健康状况、生活习惯、幼儿的兴趣和个性发展等特点。根据幼儿年龄特点，施以言传身教，将一些生活自理技巧编成儿歌、设计成有趣味的故事情节，让幼儿在游戏、娱乐中学习本领。教师也要适当地给予幼儿帮助，逐步提出不同的要求，从易到难，从简到繁，了解幼儿情感需求，发现幼儿身上的闪光点，满足不同幼儿的兴趣需要，使他们体验成功的快乐，使幼儿在关爱中获得自信，在自尊中获得自爱。

五、加强沟通，有效利用家长资源

家长是幼儿的第一任老师，他们有更多时间近距离地观察、了解幼儿，能及时发现幼儿的问题，教师应引导家长通过各种渠道同教师交流幼儿教育中的困惑，有利于教师了解幼儿的发展，达到家园共育的目的。授人以鱼不如授人以渔，教师也要引导家长支持、鼓励幼儿大胆探索与表达，对幼儿进行耐心细致的观察与指导，倾听幼儿的心声，主动参与幼儿在幼儿园的活动，走进幼儿的内心世界，感受幼儿点点滴滴的进步，充分发挥家长的主动性。

幼儿渐渐长大，我们要教会幼儿自我判断能力，学会明辨是非，懂得自

我保护。在纠纷中学会交流与沟通的能力，家长应理智地看待幼儿之间的矛盾，积极引导，与幼儿一起分析事情的缘由和危害，教会幼儿不能一味忍让和逃避。当面临危险时，家长要教会幼儿大胆地说"不"，家长更不能大包大揽，应鼓励幼儿自己提出解决问题的方法，培养幼儿独立处理事情的能力。

小小又拉裤子了

河南省郑州市金水区新建幼儿园 陈莉娜

案例描述：

小二班陈老师下班回到家中，吃了晚饭，电话响了，刚一接听，就从电话里传出一个呵斥声："陈老师，我女儿今天拉裤子了！你们知道不知道！小小身上一股臭味，脱裤子一看，到处都是，这样你们都发现不了？"陈老师解释说："小小妈您好，我们在离园前检查了一遍幼儿们的裤子，发现小小的裤子不湿，也没闻见幼儿身上有臭味，没有发现小小拉了裤子，真的很抱歉。"

又过了几天，陈老师洗完澡打开手机一看，有三个未接电话，都是小小妈打来的，赶紧回复过去。

小小妈大声吼起来："咋回事啊！我女儿今天又拉裤子里了，沾得哪儿都是，这已经不是第一次了，麻烦你告诉生活老师，她拉屎喜欢站着，这一段她便秘，好几天才解一次大便，拜托细心点行不！"

"小小妈先别生气，咱们应该弄清楚小小为什么总是这样。"

"前一段去看医生，医生说肝火太旺！"

"既然这样，你之前应该早些告诉老师，老师会心中有数，会对小小特别关注的！"在陈老师的安抚下，小小妈情绪渐渐平静下来。

案例分析：

小小妈几次三番说女儿拉裤子的事情，第一是责备教师不细心，第二是为了引起教师的重视，能够对小小多些关注，但是小小多次拉裤子，作为教师，并没有发现，这是教师的重大失误，教师应该反思自己。另外就是家长明知小小身体有疾病却没有告知教师，间接地导致教师没有引起对小小的关注，毕竟幼儿园孩子很多，教师不能一一照顾过来，难免有疏忽，同时这些又说明家园沟通的重要性。

指导策略：

一、教师自我反思

幼儿园工作琐碎，特别是小班，教师关注幼儿吃喝拉撒的细节远远多于教学，每天都需要无数次提醒幼儿们上厕所，或者幼儿离园前摸摸幼儿的裤子湿不湿，避免因幼儿尿湿裤子接回家造成不必要的麻烦。通常情况下闻不见臭味，代表幼儿没有拉裤子，但并不是每次都是这样，比如便秘拉出干硬的大便，很难闻见味道，这就要求我们教师应再细心、耐心地照顾幼儿，对工作提高要求，虽不能做到面面俱到，但至少也应该减少此类事故发生。小小拉裤子，第一次或许可以当作意外，但第二次绝对是对第一次的忽视才导致再次发生的，更加缺乏与家长的及时沟通，所以，教师应好好反思，总结经验，避免下次出错。

对于幼儿拉裤子的情况，教师要留心关注，注重细节，在弄清原因的基础上采取适当的措施尽可能规避。倘若幼儿是能力缺陷不会上厕所，教师要与家长及时沟通，家园共同教会幼儿上厕所；倘若是幼儿缺少时间观念，教师要提醒幼儿在休息时如厕；倘若是幼儿贪玩，教师要提醒孩子如厕；倘若幼儿身体不适，要立即通知家长带幼儿看医生。

二、与家长适时沟通，积极主动采取恰当的策略

幼儿在幼儿园难免会出现这样或那样的事情，幼儿在园出现任何状况，教师都要及早主动与家长沟通，如果教师不及时主动与家长沟通，让家长自己胡乱揣摩，很可能会因家长的误会导致教师所做的一切被一点点小问题所淹没，如果教师在工作中有过失更要主动承担责任。家长与教师都是幼儿成长路上最重要的引导者，两者之间应是目的一致的同盟者，是朋友而非敌人，是协作者而非雇佣者，是责任共负而不是互相推诿，只有正确定位两者之间的角色，心态自然趋向冷静、理智的交流，比如遇到问题，家长可以提出自己的看法或疑问，然后耐心听听教师的解释，而教师只有"以理服人"，才能真正得到家长理解。假如幼儿因为身体疾病导致拉裤子，家长应及时告知班级教师这一特殊情况，以便教师与家长双方协调采取最佳解决方案，另外也要鼓励幼儿有需要或想法时，要寻求帮助。

三、利用教育智慧促进幼儿健康发展

幼儿拉裤子之后，不管是教师还是家长，一定要保护幼儿的自尊心，切不能讥笑、打骂幼儿，让幼儿造成羞愧感，产生心理负担，自尊心会受到严重伤害，出现怯懦、自卑等问题，有的甚至发展成为严重的心理障碍。类似幼儿拉裤子的事情在幼儿园常有发生，如何处理，处理得是否得心应手，是否恰如

其分,最能体现幼儿园的管理水平,教师的理解和尊重能够消除幼儿的恐惧心理,给幼儿带来安全感,让幼儿觉得放松。小事处理蕴含教育大智慧,体现教师师德与师能,教师要充分利用自己的教育智慧,与家长携手,共同帮助幼儿健康发展。

乐乐脱臼了

河南省郑州市金水区第三幼儿园　郭　敏

案例描述：

一实习老师给乐乐妈妈打电话说："您好，是这样的，刚才在饭前我拉了一下乐乐的胳膊，但是现在吃饭乐乐一直说胳膊疼！我想问一下您乐乐之前胳膊有脱臼过吗？"乐乐妈妈的第一反应是实习老师把幼儿的胳膊拉得不轻，因急于了解幼儿的伤势便直接来到了幼儿园，只见乐乐不开心地坐在那里一动不动，实习老师说："因为乐乐做错事了，我叫她过来，她不来，我就拉了她一下，谁知她使劲往后挣……"意识到事情的严重性，实习老师说医药费用她负责。妈妈赶快带乐乐去医院，后来乐乐爸爸知道了此事怒火冲天，非要找园长告状，被乐乐妈妈劝了下来，因为乐乐妈妈也是一名幼儿教师，对幼儿园工作很了解，加上实习老师态度端正，就想着大事化小，小事化无，猜想这件事也会给实习老师一个教训。

经医生检查后，确诊脱臼，除了花些医药费，庆幸无大碍。

案例分析：

幼儿年龄较小，容易被新鲜事物吸引，面对陌生的实习老师，乐乐对新教师充满了好奇，就特想在实习老师面前得到关注。实习生实习的目的是使自己能够在教育实践中应用和修正所学理论，不断解决所遇到的实际问题，通过实践中的认识和思考，获得与一个个具体的教育教学情境相联系的实践性知识，逐步培养从师素养。从这件事情上来看，实习老师某些教育行为欠妥当，这与她们的实践经验不足有着直接关系，但幸运的是实习老师所遇到的乐乐妈妈，同样也是一名幼儿教师。此案例中乐乐的妈妈扮演了双重身份，既是一位妈妈，也是一名幼儿教师。站在家长的角度，她冷静处事，不急不躁；作为幼儿教师，她换位思考，虽然心疼乐乐受伤，但还是阻止乐乐爸爸把事情闹大，把大事化小，小事化无。

指导策略：

家园沟通是幼儿园教师工作中的一个重要内容，同时也是帮助幼儿获得更全面发展的重要程序。陈鹤琴认为："幼稚教育是一件很复杂的事情，不是家庭一方面可以单独胜任的，也不是幼稚园一方面能单独胜任的，必定要两方面共同合作，方能得到充分的功效。"只有教师与家长双方的协调、合作、信任，才能保证家园共育的健康发展。

一、加强学习，提高自身专业水平

"百年大计，教育为本；教育大计，教师为本"，只有高素质的教师才能实现高质量的教育，才能赢得社会和公众对于教师职业的尊重。基础教育是影响人一生的重要环节，作为担负着学前教育重要责任的幼儿教师来说，提高自身专业水平、走上专业化发展之路刻不容缓。需要坚定教育信念，端正自己的从业动机和态度，不断学习，刻苦钻研，勤于反思，完善自我。

德国思想家雅斯贝尔斯曾经说过:"教育须有信仰,没有信仰就不成其为教育。"幼儿教师的教育信念直接影响其日常教学行为,因此,要想提高幼儿教师的专业水平,就必须使其树立正确的教育观。勤于学习是做好一名优秀教师的最基本条件,一个教师的学习能力决定了其成长水平。

二、向前辈教师请教,不断丰富实战经验

作为新教师在日常带班、教学、保教等工作中存在着许多的不足,因此有很多的地方需要学习,而勤学、好问是提升自己的最佳渠道。因此,新教师或实习教师要勤学好问,虚心请教老教师,学习她们身上的优点,克服自己的缺点,征求她们的意见,改进自己的工作。在幼儿园里,老教师是真心地希望年轻教师能从自己身上学到有用的东西,并实施在工作当中,少走一些弯路,尽早能够做到独当一面。

三、积极与家长沟通,建立良好的关系

"尊重"是教师与家长沟通的前提。尽管在教师与家长关系中,教师起主导作用,但他们在人格上是完全平等的,不存在尊卑、高低之别。因此,教师必须尊重家长的人格。端正态度,重视家长工作。影响幼儿身心发展的因素很多,幼儿园教育与家庭教育缺一不可,教师应高度重视家长工作,帮助家长明白家庭教育在幼儿教育中占据着很重要的位置,宣传正确的育儿观,得到家长的支持和配合,二者密切合作,形成教育合力,共同促进幼儿的身心健康发展。教师与家长的良好合作关系应建立在相互尊重和了解的基础之上,宽松的环境、平和的心态、平等的关系有助于教师和家长之间进行交流。戴尔·卡耐

基曾说过:"不尊重别人感情的人最终只会引起别人的讨厌和憎恨。"孔子也说:"己所不欲,勿施于人。"只有平等、相互尊重,才有权享受优质服务。因此,教师与家长交流时,应具有明确的服务观念、服务意识,让幼儿家长安心、放心、舒心。家园双方要在促进幼儿健康成长的共同目标下,保持一致的教育理念,相互理解,扬长避短,从而保持家园共育的平衡和张力,从而使家园合作更加默契。

佳佳摔伤了

江苏省无锡市新安中心幼儿园　唐群艳

案例描述：

佳佳的妈妈在放学接幼儿回家后给我打来电话，电话里非常气愤地责问我："唐老师，我家佳佳今天在幼儿园里摔了一跤，膝盖上的皮都磨破了，你知道吗？"因为我上午带班时佳佳情绪良好，也没有摔伤，估计是下午摔伤的，于是赶紧打电话联系下午带班的小王老师。

小王老师说："佳佳是在下午户外游戏的时候，因为跑得太快不小心摔倒的，我已经带她到保健老师那里消过毒了，皮稍微有点破，并不严重。"

"那她妈妈来接佳佳离园时，你怎么不跟她妈妈说一声呢？"

"我以为今天还是奶奶来接佳佳呢，但没想到是她妈妈接，她妈妈平常很难沟通，犹豫了很久还是没敢说。"

听完小王老师的解释，我马上又打电话给佳佳妈妈，将佳佳摔伤的事详细作了解释，可佳佳妈妈并没有就此罢休，第二天到教室对小王老师进行指责："你怎么不看好我们家佳佳，佳佳受伤了也不跟我说一声，是不是还想隐瞒？"小王老师见佳佳妈妈那么强势，也不敢说什么。

案例分析：

小王老师是一位刚从学校毕业的新教师，性格比较内向，刚踏上工作岗位，家长工作的经验还很不足。在小王老师带班时佳佳受伤了，小王老师觉得佳佳伤得不严重，伤口已经消毒处理过了，所以就没有主动和家长进行沟通。

佳佳的妈妈非常疼爱自己的孩子，对幼儿照顾过度，容不得幼儿一点受伤，同时她又是一位非常强势的妈妈，在平常的沟通交流中，她经常要求教师对她的孩子多关心、多照顾，并常常表现出得理不饶人。当她发现佳佳在幼儿园受伤了，教师却没有和她交流沟通时，非常不满意。

就这样，因为佳佳在幼儿园摔伤了，强势的家长和性格内向的新教师引发了矛盾和冲突。

指导策略：

一、与家长保持平等关系

作为教师，我们要明确和家长的关系，和家长应该是一种平等的关系，对一些水平比我们高、能力比我们强的家长，或者说非常强势的家长，我们不必战战兢兢、唯唯诺诺；对学历较低、文化程度不高或者贫穷的家长，我们更不能表现出高高在上、看不起他们。对强势厉害的家长，我们不要害怕，不能被家长牵着鼻子走，不能不管家长说什么就答应什么，而是要明辨是非、要有自己的原则，对于家长提出的不合理要求，我们也要学会巧妙地拒绝。案例中的小王老师，如果不是因为害怕佳佳妈妈，相信她一定会在放学的时候和家长主动说明佳佳受伤的事，获得家长的理解。

开展家长工作磕磕碰碰很正常，经验不是天生就有的，它是在实践活动中不断总结出来的。教师越是逃避，家长对教师就越有看法，家长对教师的信任度也会随之降低。每个班都会有形形色色、不同类型的家长，不管是什么样的家长我们都要正确对待，正确处理好与每一位家长的关系，更应面对困难迎难而上，找到解决问题的办法，相互配合共同促进幼儿的良好发展。

二、和家长及时、主动沟通

幼儿在幼儿园难免会磕磕碰碰，擦破点皮或者摔一跤受点小伤都是很正常的，但对家长来说却成了大事，往往会把小事放大，觉得教师没有看好他们的孩子。当遇到幼儿在幼儿园受伤的时候，我们除了及时处理好幼儿的伤口，更要主动跟家长说清楚情况，不要等家长回家发现问题找幼儿园，这时候事情就复杂了，还会造成不必要的误会，教师也变得更加被动。

小王老师除了刚踏上工作岗位，缺乏与家长沟通的经验，还有性格很内向，一见家长就紧张，总是担心自己会说错或者做错什么，遇到事情也不愿意主动和家长沟通，尤其是面对强势的家长会更加紧张。这一次"摔倒事件"，与小王老师的性格内向有很大关系。

像小王老师这样性格内向的教师要想克服性格缺陷不妨尝试这样做：

1. 平常要多说话，锻炼自己的口才。

性格内向的人往往不喜欢在众人面前说话，但作为教师一定要努力改变这个不足。在日常生活中要多说话，多与人沟通，锻炼自己的口才。和别人交谈中尽量不要提出一些只能让人回答"是"或者"不是"的问题来，要给人能够展开话题的余地，对别人的问题也不能用简单的"是"或者"不是"来回答，也要反问对方，让话题能够继续下去。这是一个循序渐进的过程，在这个过程中要时常肯定自己的进步，态度要积极乐观。

2.发现自己的优势，增强自信心。

性格内向与外向同样有明显的优缺点，不要只看到自身不善于与人交往沟通的弱点，也要善于发现自己的优势，性格内向的教师往往观察幼儿比较细致，幼儿在园的行为表现正是家长非常感兴趣的方面，这就有了和家长沟通的内容，沟通时有话可讲。性格内向的教师应充分利用好这个优势，主动和家长交流幼儿的在园表现，得到家长的认可，增强自信。

三、沟通讲究方法和策略

家长工作是幼儿园工作的一部分，沟通时要讲究方法和策略。当佳佳摔伤后，小王老师就要思考应该怎样跟家长沟通，怎么沟通容易被家长接受等，揣摩家长心理，做好充分准备并思考合适的应对策略。放学时，小王老师见到佳佳妈妈不妨先表扬幼儿在园表现好的地方，然后再说所发生的问题，比如这样说："今天佳佳在户外活动时和小朋友一起玩得很开心，小朋友都喜欢和她玩，但她在奔跑过程中因为跑得太快，不小心摔了一跤，膝盖上磨破了一点皮，不过已经带她去保健室消毒处理过了，佳佳都没哭，非常棒！"相信佳佳妈妈听了这样的话不会发脾气乱吼一通。

四、要认真学习，经常反思

良好开展家长工作是我们每一位教师的必备能力，刚踏入工作岗位的年轻教师需要不断学习，提高这方面的能力。幼儿园一般都会安排一位有经验的教师和新教师搭班，新教师可以向有经验的搭班教师学习，同时工作中自己也应经常反思，善于积累和总结，使自己快速成长起来。

跟幼儿交往时我们要亲和，对家长也同样需要这样，平常与家长沟通的时候要尽量做到面对微笑，用通俗浅显易懂的语言、态度诚恳地和家长沟通，这样会拉近与家长的距离，家长比较容易接受。相信只要我们不断地努力，一定能赢得家长的信任，让家长放心地将自己的孩子交到我们手中。

活动中的小失误

山西省高平市金峰幼儿园 贺 菁

案例描述：

　　我们班组织了一场面向家长的大型主题展示活动，前两个环节是展示身边常见的和自己设计的符号，后面两个环节是幼儿的自主游戏活动。活动非常圆满，幼儿们的表现很棒，家长们的反响也非常热烈。但活动刚刚结束，月月的姥姥就来我身边反映说："月月四个环节都没有参加。"说着说着就哭了。我赶紧看了看手里的游戏设置，然后给姥姥看，并告诉她："每个小朋友都有参与的机会，可能是我在叫名字时没有按照顺序，就跳过了她的名字，对不起。"我承诺以后会推荐月月参加别的班或园内的活动，让她得到更多的锻炼机会。因我态度诚恳，加上平时和家长的沟通良好，月月姥姥终于控制住情绪，满意地回家了。接着我给月月的妈妈打电话，把事情的经过讲给她听并再次道歉，希望她在家里能安慰一下月月，尽可能把本次失误的影响降到最低。

　　因为我们的主题活动是每月轮换班级承办，并邀请别班的小朋友参加，在以后的中班主题展示活动中，我推荐月月去参加，并鼓励她大胆表现，又帮忙准备了相应的衣服和道具，看着月月脸上的笑容，终于为上次的小失误画上了一个圆满的句号。

案例分析：

因为是第一次组织这种大型活动，虽然事先排练了很多遍，但是在现场活动时，还是会出现很多小失误，这就要求我们能在现场随机应变，或是在事后很好地进行补救。这次活动，因为事先没有和家长沟通游戏的设置，导致幼儿的家长不知道一共有几个环节，没有及时把问题反映给教师，也就错失了现场解决问题的机会。而这次陪同月月来参加活动的是姥姥，在看到外孙女没有参与活动时情绪显得比较激动，这时教师认真倾听家长意见，让姥姥尽情发泄一下，再真诚地承认错误，做出最好的补救，能够反映出教师的冷静和理智。在大型活动中特别容易出现忽视某个幼儿的情况，这就需要我们诚恳地对家长进行道歉，并对幼儿们做出一些精神上的补偿，让幼儿心理上受到的影响减到最低。

指导策略：

一、师之爱，不患少而患不均

在班级中由于幼儿比较多，教师可能做不到给每个幼儿满满的爱，但是至少可以做到公平公正地爱护每个幼儿。有的幼儿综合素质比较好，平时在班内的表现比较出色，遇到园内或班内的大型活动时，会首先想到这些幼儿，而忽视那些默默无闻、不爱表现的幼儿，导致别的家长觉得不公平。基于此，我们应尽量采用公开公平的原则，比如可以提前在班级群内发布公告，或者通过其他家长平台告知所有家长开展活动的计划，让每个幼儿都有参与的机会。

二、勇于承担责任，以诚换诚

如果有类似的事件发生，我们应该第一时间承担责任，说明这是自己的工作失误造成的，并及时利用各种方式进行补救。在平时的活动中，如果幼儿有别的问题出现，我们也应该第一时间打电话告知家长，并对事件进行客观的描述，让家长对幼儿在幼儿园的情况做到心中有数。

记得小班刚开学有一个小朋友的手指被划伤了，我们第一时间对伤口进行处理和包扎，同时打电话告知家长幼儿的情况，道歉并告诉家长我们已及时做了处理。晚上回家后，家长询问幼儿，发现是衣服上用于装饰的拉链把手划伤了，第二天家长来园以后主动解释了事情的经过，保证以后不再给幼儿穿此类衣服。

其后的一段时间内，我们每天都会检查这名幼儿伤口的愈合情况，时刻注意不要弄湿伤口，因为我们对幼儿真诚的关心，事后和家长的关系一下子拉近了不少，沟通也变得非常愉快。这说明，彼此以诚相待，能更好地做好家园工作。

三、以师之情度家长之心

与家长进行交流沟通的时候，我们要多从家长的角度来思考问题，设身处地地为家长朋友着想。要实现有效的家园沟通，教师必须掌握家长的心理，读懂并满足家长的情感需求，做到以情感人，以理服人。记得有一次月月的妈妈反映说班里的小女孩都不跟月月玩，因为班内一位"小姐姐"说月月长得黑，让别的小朋友不要和月月玩……经过询问，确有其事，我们请那位"小姐姐"给月月道歉，两个人握手言和。遇到这种情况，我们不可以与家长针锋相对或者急着辩解，要先了解清楚具体情况，再换位思考，把话说到家长的心坎里，让家长同样换位思考，明白教师的不易。

四、畅通交流渠道，做到知无不言

《纲要》与《幼儿园工作规程》中明确指出："家庭是幼儿园最重要的合作伙伴，我们应本着尊重、平等、合作的原则，争取家长的理解支持和主动参与并积极支持，帮助家长提高教育能力。"

每个学期初或大型节日前，我们都会召开家长会，向家长介绍本学期的保教目标和工作重点，以及需要支持的工作，等等。在开学初我们建立了家长QQ群和家长微信群，把遇到的问题及时向家长传达，让家长了解我们的工作，了解幼儿在幼儿园的情况，如果有什么突发问题我们会在群里询问家长意见，如果有好的育儿方法，我们也会及时上传或分享在空间里。在家园联系栏中我们会把最新的教学计划、教学内容和医疗保健知识等内容张贴出来，供家长阅读。

五、家园合力，共促幼儿发展

在与幼儿朝夕相处中，在和家长每天多次见面中，我们了解了幼儿和家长，慢慢地就和家长成了朋友。了解了家长的职业和性格，再选用适合的育儿方法，沟通起来非常方便。如果课外有适合幼儿参加的活动，也可以组织幼儿们结伴参加，例如德克士快餐店组织的"自己动手做汉堡包"活动，我们班就有几位小朋友一起去参加，幼儿们结伴游戏，既降低了对环境的陌生感，又锻炼了动手能力，更增进了同伴间的友谊。课外时间我们也可以组织一些亲子活动，拉近师生以及教师和家长之间的关系，因为我们有共同的目标——为了幼儿的健康成长。

苏霍姆林斯基说过："教育的效果取决于学校和家庭教育影响的一致性。"与家长的有效沟通能提高家园共育的一致性，就让我们和家长更多地沟通，让幼儿更好地成长，同时以我们的专业能力来赢得家长的信赖和支持，实现真正的家园共育。

一条长长的红痕

河南省驻马店市正阳县幼儿园　李学珍

案例描述：

涵涵是个既听话，又让教师喜欢且各方面表现都不错的中班幼儿。六一儿童节，园内将举行大型团体操活动，所以在六一前夕，每个班都在紧锣密鼓地准备和排练中。由于日期临近，当班教师心急，在排练过程中，指甲不小心划过涵涵的脖子，划出一条长长的红痕。下午离园时教师忘了告知家长，于是第二天早上涵涵家长气势汹汹地指责当班教师，当班教师据理力争，导致冲突升级，涵涵家长要求给涵涵调班或调换教师，最后园长出面让当班教师向涵涵家长道歉，方才平息了这场风波。

案例分析：

案例中的教师指甲不小心划伤幼儿脖子，却又忘告知家长，而当家长询问时，她又态度强硬，导致冲突升级，这反映出教师个人修养与专业素质的亟待提高。如果教师在处理家园问题时，态度诚恳、语气委婉、不逃避、不应付，多站在家长立场与之交流沟通，不以家长情绪带动自身情绪，反思事件的起因，那么，即便出现诸如上述案例事件，也不至于使矛盾升级。

指导策略：

一、适度而退，顾全大局

在与家长的沟通交流中，教师应客观地看待事件，不以主观思想带动自己的情绪，做到冷静、宽容。对于属于自己的过错，要勇于承担，主动承认。

适度而退，它可以使教师在事件处理的过程中，以冷静的头脑去观察和思考事态下一步的发展及处理的方法。如果教师在与家长的交流沟通中，经常适度而退，不会让家长觉得教师软弱可欺，这是教师专业素质及个人素养的体现，反而能令家长钦佩，在以后的沟通中也会更令家长信服，乐意与之合作。

二、了解幼儿，沟通家长，防患于未然

教师每学期开学，要对全班幼儿进行全面的了解，通过间接或直接的方式了解每个幼儿的家庭情况和家长性格，为后续班级事务处理打下良好基础。在对幼儿有了全面了解后，寻找合适的时机，与家长进行交流，在这个过程中教师应仔细观察家长对教师所持有的态度以及家长的教育理念，针对不同家长，采取不同的谈话方式，以教师的理念为主导，循序渐进地进行经常性交流，在交流中使家长与教师在教育理念上保持一致。

家长因不同的性格、不同的学历以及不同的社会因素影响，会呈现出各种不同类型的家长群体，比如"放任不管型""护短型""暴躁型"等，对于"放任不管型"的家长，教师要主动与其交流，定期反馈幼儿在园情况，多报喜，少报忧，激发家长爱心和期望；对于"护短型"家长，教师要晓之以理，动之以情地利用委婉的方式使家长深刻认识到护短的危害性；而对于"暴躁

型"家长，教师要以冷静的态度对待，切忌以暴制暴、以躁制躁，这样不但不能解决问题，反而会激发矛盾。

三、注重与家长的沟通方式，获得支持

教师在与家长的沟通过程中，除了使用口头沟通，还可以使用电话沟通、书面沟通、家长会等多种沟通方式。其中电话沟通，既方便又快捷，能及时向家长传达幼儿的表现，又能针对问题及时商讨解决办法；书面沟通的内容真诚且更易使家长接受，把幼儿在园内的情况，通过"小纸条"经常传达给家长，能使教师与家长之间的关系更加密切，也避免了家长、教师因同步上班而没有时间进行正面交流的尴尬；而家长会的形式丰富多样，比如家长座谈会、家长沙龙、经验分享会等，教师通过定期开展这样的家长会，一方面使家长与教师在教育理念上保持一致，另一方面通过家长代表的经验分享及一些家长的现身说法，使得其他家长产生共鸣，从而在以后的家园事务处理中家园关系和谐。

另外，与家长沟通也要注意技巧。沟通是一门艺术，需要教师用心、用智去体验。在与家长沟通的过程中，要善于倾听，不随便打断家长讲话，平等、尊重地对待家长，如果发现问题，也应在合适时机进行引导。教师应时刻保持冷静的头脑，即使在交流的过程中家长说了不妥的话，也应抱着"有则改之，无则加勉"的态度。而对于蛮不讲理的家长，教师应坚持自己的原则，不畏缩、不妥协、不让步，在交流的过程中开诚布公地与其分析问题产生的根源，共同寻找解决方法。沟通是解决矛盾的首要方法，需要教师从家长的角色出发，把握好家长的心理，因人而异，对症下药，达到事半功倍的效果。

四、不断反思，促进自我成长

案例中冲突的逐渐升级，究其原因表面是教师不当的处理方式而导致的，而冷静思考后，却发现是由于教师长期缺乏自我反思而导致的。在工作中，教师应养成经常反思自己教育行为的习惯，记录下每日活动中比较特殊的事件及对自己有困惑的处理方式，反思事件发展及自身处理方式对事件的影响。对于令自己困惑的处理方式，要及时与同事交流。教师要在不断的反思中，纠正自己的教育行为，更新自己的教育理念。金无足赤，人无完人，教师只有在不断的反思中才能更清楚地认识自己，在应对各种问题时才能从不同角度去看待和思考，从而获得专业上的成长。

大宝，你今天拉裤子没有？

山东省荣成市第一实验幼儿园 史鸿梅

案例描述：

一大早，大宝奶奶怒气冲天地找到我说："我们要转班，不想在这个班了，马上给我们办手续！"这时园长巡班，恰巧经过，她笑着扶着大宝奶奶的胳膊问："阿姨，有什么事情您跟我说，我给您解决。"我站在一旁接着说："对呀，阿姨，我们有什么地方做得不对，您指出来，我们好改正。"老太太的情绪平静了一些。我急忙向前拉着她的手，让她到办公室坐下。老太太说："大宝昨天晚上回家突然跟我说，他最讨厌听到老师问他'大宝，你今天拉裤子没有'，你说孩子这样能开心起来吗？"听了这句话，我的心像被什么猛戳了一下，能体会到"大宝，你今天拉裤子没有"这句话给幼儿造成的心理压力。园长这时说："可能我们教师的教育方式有问题，您正好给她提了出来，我们要感谢您！我相信她会改正的。"

园长走后，我拉着大宝奶奶的手谈心，也保证会改进，同时也说了一些幼儿园教育的细节，而大宝奶奶逐渐露出笑容，肯定幼儿教师的工作辛苦，也说会好好配合幼儿园教育大宝。

案例分析：

案例中的家园矛盾主要是由教师的教育方法不当造成的，在园长的调解下，大宝奶奶最终原谅了教师，但教师必须思考自己的教育方法给幼儿造成的负面影响。

每个班都会有一些生理特殊的幼儿，经常尿裤子或经常拉裤子，我们需要更多地关注这样的幼儿。案例中教师每天都会关注大宝有没有拉裤子，却忽略了自己说的话给幼儿带来的心理压力，无意间成了伤害幼儿自尊心的罪魁祸首。

指导策略：

一、微笑聆听，善用抱歉

当家长怒气冲天地要求调班或者转园时，一定有他的原因，这时，教师一定要微笑，并认真仔细地聆听家长说的每一句话，这是尊重家长的前提条件，因为尊重是双方的事，尊重家长就是尊重自己，让家长感受到教师的友善，从而缓解紧张的神经。善用"抱歉"的话语也很重要，如果是教师自己的问题，不用怕什么拉不下面子，首先表明自己的诚恳态度，对于工作失误向家长诚心道歉。教师的微笑和道歉，能使家长的情绪平稳一些，矛盾解决起来也就容易一些。如果教师一副高高在上、不可一世的态度，只会让家长更反感，矛盾更深，因为总有一方要先退让，两方都激烈地争辩只会换来更糟的结果。

二、亲密动作，改变地点

亲密的小动作，是拉近彼此关系的调味剂，也可让彼此消除距离感，让家长感觉到教师的诚心。例如：拉着家长的手，扶着她的胳膊，家长会感觉教师把她当作朋友一样，就算肚子里有再大的火也不好意思爆发。当家长情绪稳定了，教师可以给其倒杯水，表现出教师对家长的尊重，以及本身良好的素养，彼此冷静才能有好的沟通。

矛盾发生的高峰期，一般在早晨送幼儿入园或下午接幼儿离园，教师与家长碰面的地点在教室门口或教室内。倘若在教室门口或教室内发生冲突或矛盾，教师一定要想办法转移地点，注意避开其他家长的注意。比如可以转移到办公室等相对安静的地方，避开他人的注视，在相对安静的环境下更容易沟通，从而也避免了给其他家长带去的不良影响。

三、引导回忆，关注细节

家长之所以对教师产生不满，是源于对教师的不信任及对日常工作的否定，归根结底就是双方沟通过少造成的。当家长的情绪平静了，教师可说一说幼儿平时在园的表现，让家长知道教师对孩子其实很关注，或者说一说教师平时对幼儿耐心照顾的细节，比如幼儿不会做的动作教师要单独教上好几遍，起床后怕幼儿冷，督促幼儿穿上衣服等。这些小细节处处表现出教师对幼儿的关爱，更让家长体会到教师工作的不易，拉近距离，消除家长心中的芥蒂，即使再出现问题的时候，也能理解和包容教师。

四、改变方法，注意隐私

教师在处理幼儿生活问题时，要时时想到幼儿也是一个独立的、有完整人格的人，他们同成人一样有隐私、有自尊，不愿意被别人嘲笑，同样需要理解和尊重。大便到裤子这类现象在幼儿园时有发生,教师不注意保护幼儿的自尊心,而在集体面前提醒或者直接问幼儿敏感的问题,会无意中伤害幼儿的自尊心,使他们觉得"很没面子"。再遇到类似的事情发生时,教师可以把幼儿拉到寝室或者人少的地方问,如果是因为生理原因患有相关疾病,则需要请家长带幼儿去医院检查。

五、随时归纳,整合信息

教师和家长之间产生了矛盾和问题,不是这次解决了就没事了,而是需要思考症结所在,避免以后再发生类似的事情。教师可以利用各种形式随时记录、归纳家长提出的意见,也可以利用家长会、小型家长座谈会把部分家长所提意见和建议与其他家长畅所欲言,共同找出解决的最佳方法,为自己以后的工作留下重要资料。俗话说得好:"静坐常思己过。"反思能更好地提高自己的工作,如有不妥之处及时查找原因,凡事多征求家长的意见及想法,共同商量,许多问题就会迎刃而解。

六、善后工作,沟通之重

中国有句古话叫"不打不成交",打过了我们还得交往下去,幼儿还得上幼儿园,家长每天还得接送。针对类似的矛盾,个别交流是十分重要的,但要注意策略,若谈幼儿要先从幼儿的优点说起,若谈家长,应先从其兴趣、爱好谈起,避免家园关系陷入尴尬的境地。晨间和离园时段是教师与家长进行个别交流的最佳时机,通过单独的交流,可让家长感受到教师对自己孩子的"特别"关注,教师也深入了解幼儿个体差异、家长个体差异,在不断交往中,家长才会对教师产生信赖。可以让家长担任家委会督促教师的工作，让这些家长代表在家长群中形成辐射，起带头作用，从而促使更多家长支持、理解教师的工作。

懂事的明明

山东省莱阳市实验幼儿园　肖华军

案例描述：

这一周明明都不肯上幼儿园，在班级门口哭闹着，不让妈妈离开。今天早上来园，妈妈准备带明明上楼，可是明明挡在妈妈面前不让走，妈妈无奈，在一楼大厅的图书角坐下。明明在一边哭，妈妈也跟着抹眼泪。看到这种情况，我先到班级了解了一下情况，当班教师说："从其他家长那里得知明明家里发生了一些事，明明是担心爸爸妈妈，所以不放心留在幼儿园。"

鉴于这种情况不便于直接向家长询问，于是我请明明和妈妈来到办公室，先稳定一下情绪，再作详细沟通。在办公室里，明明抱着妈妈，不肯松开手，生怕妈妈离开。但是明明妈妈并不清楚孩子不愿意来幼儿园的原因。我想到借助沙盘游戏让明明在游戏的过程中缓解情绪，释放一下心中的不愉快。

我把小刺猬、小青蛙、小鸭子、小汽车等玩具放在了明明和妈妈面前，邀请他们选自己喜欢的玩具，于是有了下面一番谈话：

妈妈：明明，你选吧。

明明：妈妈，你选。

妈妈：明明，你看你喜欢哪个？

明明：妈妈，你选个你喜欢的。

妈妈：你喜欢哪一个？妈妈给你选。

明明：妈妈，你找自己喜欢的。

妈妈选了一辆小汽车递给明明，明明接过小汽车在桌上玩了一会儿，但妈妈依然没有选择自己喜欢的玩具。

可以看出，妈妈总是把明明放在优先的位置，自己排在其后，甚至忽视自己的需要；妈妈认为明明高兴、开心就好，自己的感觉不重要，其实明明也希望妈妈行使自己的权利，希望妈妈开心、快乐。明明之所以不能安心离开家上幼儿园，是因为他感觉到了妈妈的不快乐。我就这件事跟明明妈妈做了沟通，明明妈妈才恍然大悟，同时也感动得流眼泪，然后选择了一个自己喜欢的玩具，与明明认真玩游戏，并且临走时告诉明明："明明放心，妈妈在家会照顾好自己。"明明听了，点点头，不再哭闹。

案例分析：

幼儿入园情绪状况是一个非常普遍的、受到家长和幼儿园高度重视的问题。如果幼儿长期入园情绪不佳，将会影响幼儿的身心健康，同时也直接反映出班级工作状况。案例中明明最后不再哭闹，放心妈妈离开，自己上幼儿园这一结果是好的，反思背后的处理过程和方法，却让人深思。明明已经连续几日哭闹着不肯入园，教师只是从其他家长那里听说某些原因，没有积极与家长沟通，如果一直对此事采取观望的态度，将会出现不可挽回的后果。为什么会出现这样的处理结果呢？

1.单方面归因延误沟通良机。

从案例中，不难发现教师已经看到明明的情绪不佳，在这种情况下，教师采取从其他家长那里了解关于明明的消息，单方面认定明明情绪的来源与班级工作无关，没有进一步与家长沟通。有了这样的认定，教师认为自己在这件事情当中没有责任，表面上看似乎起不了什么作用，可是让家长感受到的却是无助和冷漠。

2.侧面折射出日常家园关系。

明明妈妈宁愿选择在图书角抹眼泪，也不到班级和教师交流，从这一结果可以看到家长对班级教师的日常工作并不是很满意，家园关系不够融洽。对教师的不完全信任，让家长不愿意把心里话和教师交流。

3.读懂幼儿心事的能力欠缺。

明明一周以来情绪一直不佳，这背后一定是有什么事情发生，作为家长和教师，是与幼儿接触最多的成人，幼儿可能暂时不懂得如何表达自己的心情，可是成人要试着通过游戏、绘画、谈话等方式让幼儿说出心里话，减轻心理压力。读懂幼儿的心事，与幼儿进行积极的对话、沟通是父母与教师都需要学习、锻炼的一项能力。

指导策略：

一、重视幼儿情绪

遇到幼儿入园情绪不佳的时候，教师要积极、重视幼儿的情绪状况，切不可想当然地认为"过几天就好了"。要引导幼儿尝试表达自己的情绪，如"你有些不开心吗""有没有需要老师帮忙的""你的难过有多少"等，让幼儿感受到来自教师的爱和关心。无论情绪来源在哪里，教师的关怀都有助于缓解幼儿情绪，让事情朝着良好的方向发展。

二、积极进行了解

多方面地、深入地观察和了解，能帮助教师更好地洞察幼儿情绪背后的真相。如果只是从其他家长那里得知消息，有时容易引起误会。教师可以在一日活动中，有重点地观察幼儿的交往状况、情绪状态、游戏内容等，了解幼儿是否因为有交往、游戏方面的困难需要解决。另外，教师更要积极与家长沟通，询问家长幼儿在家中的状态、饮食、睡眠等状况。与家长的沟通能进一步了解幼儿的情绪来源，让家长有机会把自己的担心和焦虑说出来，同时，还能让家长看到教师对事情的处理态度和方法，家园共同面对状况，一起协商解决。

三、学习读懂幼儿

在案例中可以看到，教师在幼儿出现不喜欢上幼儿园的行为后没有采取相应的措施，家长也只是担心、流泪，这说明教师和家长对如何读懂幼儿、如何走进幼儿的内心世界，是需要继续学习的。尤其是可以学习一些应答幼儿的技巧及回应幼儿的方法，还可以学习相关的心理学方面的内容，如绘画疗法、沙盘游戏等。这些都能从潜意识中真正走进幼儿，疗愈幼儿的情绪。

四、全园深入研讨

一个妥善处理的沟通案例，往往蕴含着丰富的管理、教育价值，一个幼儿身上发生的故事，常常值得大家一起研讨、举一反三。上面的案例就可以在全园的教研中进行分析、讨论：同样的情况发生后，我们可以做什么？何时是恰当的处理时机？类似的情况还有哪些？从案例中我学到了什么？集体教研的智慧能让教师互相学习到更多的方法，尝试在家园共育中运用。

投其所好

北京市大兴区旧宫镇第一中心幼儿园　韩　玲

案例描述：

冬天来了，幼儿们都穿上了厚厚的羽绒服，行动起来不太方便，天气太冷了，似乎连操场的橡胶地垫都被冻硬了。这天户外活动回来后，皓皓跑过来说："老师，我的头有点痛。"我往他头上一看，额头上鼓起了一个大包，微微泛着红，上面还有几道浅浅的伤痕，有的地方微微泛着血丝。这下我可着急了，问他是怎么弄的。原来是玩羊角球时，和另一个小朋友比赛看谁能骑在羊角球上跳，不小心摔了一跤，我问班上另一位老师，她说有看到皓皓摔跤，但皓皓立刻起来继续游戏去了，以为没事就没有多关注。

了解真相后，我带皓皓去医务室消毒，并询问了伤口的严重程度，还好保健医生说只是轻微的擦伤，红肿的地方用冰袋敷一下就下去了，没有大问题，可怎么跟家长说呢？记得刚接这个班时，班里老师就跟我讲皓皓妈妈是一个不依不饶的人，我有点担心。离园时是皓皓的爸爸来接幼儿，我赶紧跟皓皓的爸爸照实说了皓皓受伤的经过，并对教师的照顾不周道了歉，但皓皓爸爸还是皱起了眉头，然后查看幼儿的伤处，一副心疼的样子，不等他发作，我赶紧跟皓皓爸爸说："别看咱们皓皓年纪小，还真勇敢，去保健医那里消毒的时候一声没哭，真有点小男子汉的样子了。"皓皓爸爸平静了一下，试着挤出笑容说："这孩子在家什么都是自己做，你们以后注意着点。"

在皓皓爸爸情绪平复的情况下，我又给他提了一些育儿建议，他似乎也听了进去，然后就走了，而我这颗心才算落了地。

案例分析：

皓皓的父母平时工作忙，与幼儿相处的时间少，对幼儿很是溺爱，尤其是皓皓的妈妈，把儿子当小皇帝一样宠着，皓皓爸爸也是，只要一谈起幼儿的问题就是千好万好，把这种过度的宠爱当成对幼儿的补偿，不允许幼儿受一点点挫折，眼里、心里只有幼儿的优点，不能接受教师对幼儿任何客观的分析。其实这在家庭教育中是一种错误的表现，但是这种行为的弊端只能慢慢地渗透给家长，慢慢纠正，如果纠正过激，难免适得其反，还会造成教师和家长之间的矛盾。这次的事情我恰好利用了家长的这种心理，夸赞幼儿处理伤口时的表现，从而避免了一场风波的发生。

而作为教师，当得知幼儿受伤时，及时询问幼儿，查看、处理伤口，虽担心家长闹事，但还是要及时告知皓皓爸爸事情的经过。教师有义务照顾好幼儿在园的安全，保障好幼儿的发展，但有的教师为了避免幼儿在活动时受伤，刻意组织较为安静的户外活动，这是一种极其不负责任的表现，不仅阻碍了幼儿的发展，也影响幼儿自身的成长，我们要做的是对活动每一个环节都考虑得更细更全面，以保障幼儿安全，并不是为了安全而不组织利于幼儿发展的活动。如果出现事故，及时采取正确的处理方式，及时和家长沟通，相信会得到家长的理解和支持，即便遇到的是麻烦型家长，也不要过于慌张，掌握沟通技巧，就能够化险为夷。

指导策略：

一、选择合适的时间和地点

　　选择合适的时间和地点是成功沟通的开始，一般教师可根据所沟通问题的性质灵活选择。就像皓皓这件事，教师选择在离园时间与家长进行沟通，主要考虑到，一般家长接完幼儿就走，这时候人少，沟通方便，即便沟通不畅也不会造成尴尬，当然这是针对幼儿伤口不严重的情况，如果幼儿伤势较重，则需要在第一时间通知家长。

二、换位思考，理解家长的"护犊之情"

　　虽然在日常教育教学工作中，教师对每个幼儿都是平等对待的，但由于个体差异导致幼儿在情感、技能、行为习惯等方面的发展不平衡，有的家长对幼儿园和教师的工作细节不了解，对幼儿的发展状况不太满意，对教师的工作产生怀疑，特别是幼儿受到批评或是与小伙伴发生小矛盾时，家长就会本能地产生"护犊之情"，免不了为自己的孩子进行辩解。这时教师不要急于和家长讨论幼儿存在的过失，更不要与家长展开唇枪舌剑，而是要保持冷静，进行换位思考，站在家长的立场上去体验、理解家长的心情，给幼儿以公正客观的评价，平复家长的情绪。教师要用一颗真诚善良的心去包容幼儿，让家长看见教师对自己孩子的诚心帮助，从而释怀心中疑虑，进而接受教师的意见和建议，并在今后给予积极配合。

三、尊重家长，保持平等的交流关系

家园沟通是双方的，作为有着专业知识和技巧的教师在与家长沟通中，要与家长保持平等的交流关系。幼儿来到幼儿园，教师和家长就有了共同的教育目标，教师要以一种平等友好的姿态，面对家长提出的各类要求和意见，乐于接受，虚心听取他们的心声，重视家长对幼儿的情感投入。如遇到麻烦型家长或提出过分要求时，教师要及时调整心理落差，用宽广的胸怀接纳家长的看法，并认真反思自己的工作方法，用积极的心态和工作态度改变家长的看法。我们可以邀请他们参加幼儿园的各项活动，让他们更细致、全面地了解教师的工作，了解幼儿的动态发展。

教师应主动担负沟通的责任，主动交流可以避免因幼儿缺点暴露而不得不面对时产生误会、隔阂。教师要巧妙使用语言，要先扬后抑，先肯定幼儿的优点，然后点出不足，这样家长易于接受。其次要避实就虚，不要一开始就切入正题，待家长心情趋于平静的时候，再自然引出主题。

四、分析家长性格，因人而异，规避矛盾

谈话侧重点要因人而异。对于较熟悉、性格直爽的家长，可直接进入正题，指出幼儿近阶段的进步与存在的问题，并互相商量对策；对于不大熟悉的家长，开始时可拉拉家常，以了解家长的性格，以便有针对性地开展谈话；对于脾气急躁、虚荣心强的家长，应多提幼儿的长处，并委婉地指出幼儿的缺点；对于一些不关心幼儿的家长，应直接指出问题的严重性；对于宠爱、放任幼儿的家长，应宣传科学的育儿知识，并详细分析幼儿在集体生活中的表现，使其明白溺爱幼儿的不良后果。家园沟通效果的体现，在很大程度上取决于沟

通的策略，针对家长的个性特点进行沟通，容易引起家长的共鸣，形成教育的共识，使我们的家长工作更有成效。

"不安全的"幼儿园

四川省成都市金苹果银都国际幼稚园 谢 洁

案例描述：

小贝是个乖巧可爱的女孩，小班入园一年多以来，她的爸爸妈妈和爷爷奶奶会轮换着来接送小贝上下学，但后来小贝妈妈通知幼儿园以后不允许爷爷接幼儿了，考虑到个人隐私，教师就没有追问具体原因。自从小贝妈妈打电话告诉教师爷爷接送卡作废那天开始，爷爷就没有来接过小贝，但是有一次爷爷到幼儿园来看小贝，还和小贝说了几句话，然后就走了。很平常的事情，没想到小贝妈妈知道后打来电话责备说："谢老师，我听小贝说她爷爷去幼儿园看过她，你们还把小贝送到门口跟爷爷见了面？"我确认此事后，小贝妈妈激动地说："你们也太大意了，我说过不能让爷爷接小贝的，你们怎么能让他跟小贝见面呢？"我回答她："小贝妈妈，你说的是不能让爷爷接小贝放学，我们确实没有让爷爷接走小贝啊！只是让爷爷见见小贝。"小贝妈妈继续说："爷爷有狂躁症，在家里经常发脾气，半夜还去敲别人家的门，小区的孩子们都有点怕他，所以我们就把他送回老家了，谁知道他中途偷偷地回来，居然还去看小贝，你们也让他与小贝见面，想想都后怕，你们幼儿园太不安全了，我们都已经告诉爷爷小贝已经转学了,现在倒好,真是添麻烦!"小贝妈妈在电话里喋喋不休地指责幼儿园的"错误"。

案例分析:

把幼儿送到幼儿园,家长们最关心的是幼儿的安全,所以安全是幼儿园常规工作的重中之重。认识到这一点后,我们幼儿园非常重视各个环节中幼儿们的安全。就拿接送环节来说,为了避免出现错接、漏接的情况,幼儿园规定:每位幼儿上学和放学,家长都要凭接送卡亲自接送幼儿,每位家长都只能使用自己的接送卡,如需别人代接幼儿,要事先打电话告知教师并出具被委托人的身份证复印件,以保障幼儿在接送环节的安全。而案例中的矛盾有一点特殊,教师做到了不让爷爷接送,在不知爷爷有狂躁症的情况下让爷爷见了幼儿,小贝妈妈却因为爷爷的病情而担心小贝受到伤害。所以症结所在,就是沟通问题,假如在小贝妈妈通知幼儿园不准爷爷接送幼儿时,教师能多问一句原因,或者小贝妈妈多说一句爷爷的病情缘故,矛盾就不会产生了。这样看来,造成这次矛盾冲突,家长和教师都有责任,完全是家长和教师之间沟通不到位造成的。

指导策略:

一、做好沟通,消除误解

从小贝妈妈的语言中看出,她是误解了幼儿园,在她的意识里,明明已经告知爷爷没有接送权了,还让他见小贝。要消除小贝妈妈的误会,幼儿园必须让家长明白,园方没有违背原则:向家长表示幼儿园在当初收到消息后就立即注销了爷爷的接送卡,也没有让爷爷接走幼儿。然后再冷静地向家长解释让幼儿与爷爷见面的原因。首先，爷爷是长辈，是爱小贝的，半途来幼儿园目的就是为了看看孙女，没有其他恶意，我们有必要尊重祖孙情，同时也是为了培养幼儿去感受长辈及其他人的爱，学会对别人的爱有回应，从而慢慢学会如何去爱别人；其次，再说安全方面，教师并没有让幼儿出幼儿园，是在教师和保安的陪同下让小贝与爷爷见面的，所以绝对不会出现走丢的情况，更不会让爷爷带走幼儿；另外，就是沟通方面，教师并不知晓爷爷精神方面有问题，故而也不知晓爷爷的"危险"，并不是教师明知道有危险还让幼儿处于危险之中。通过这样的分析，让小贝妈妈知道幼儿园的用意，从而消除误会。最后，再表示已知晓爷爷的情况，以后不会再让他与幼儿见面，如果他再次来到幼儿园，会先打电话征求监护人的意见，再做出相应的决定。相信小贝妈妈能理解幼儿园，也会意识到自己没有和教师沟通好，双方消除误解，保持好家园沟通。

二、家园共育重要性

新《纲要》中指出："幼儿园应主动与家长配合，帮助家长创设良好的家庭环境，向家长宣传科学保育教育幼儿的知识，共同担负幼儿教育的任务。"家长和教师之间，应该是及时进行有效沟通，运用各种方式进行沟通，了解对方的想法，了解幼儿的情况。幼儿园要发挥主导作用，要充分重视并主动做好家园衔接合作工作，使幼儿园与家长在教育思想、原则、方法等方面取得统一认识，形成教育合力，促进幼儿的健康和谐发展。

那么，怎样创建一个家园联系的渠道，使家园教育同步呢？教师不能以自己是专业教育工作者自居，不应该单纯地把家长当作教育的配合者，而应该是合作者。教师要经常与家长保持联系，与家长交流幼儿每天的情况，积极取得家长的信任和配合。心理学原理表明："家长合作的态度取决于合作是否满足他们在教育幼儿方面的需要。"当幼儿园满足了家长的合理需求时，家长合作的愿望和热情也会更积极。因此，教师要了解家长对幼儿教育的需要，从而激发他们参与幼儿园教育的兴趣和热情。

要不要帮助别人

江苏省海安县明道幼儿园　张晓云

案例描述：

教师运用绘本故事给幼儿讲助人为乐时，毛毛说："现在的好事不能做，会被别人讹诈的……"这一说幼儿们开始了争论，有的说要帮助别人，有的说不能帮，有的愣在原地不发表任何观点。教师好奇毛毛怎么会有这样的想法，经了解，原来是毛毛家里来的客人拿着手机播放了一段"扶爷爷过马路"视频，好心人没得到感谢反而被讹，这个视频正好也被毛毛看到。离园时，教师跟毛毛妈妈沟通此事，希望能跟毛毛妈妈一起扭转毛毛心理的粗浅认识，让毛毛知道帮助别人做好事是件快乐的事情，并不是所有做好事的人都被讹。毛毛妈妈想了想，觉得教师说得很在理，保证以后在生活中注意对毛毛潜移默化地教育。

案例分析：

幼儿期是自我意识开始发展的时期，良好的人际关系和社会适应能力对幼儿身心健康发展具有重要影响。父母是幼儿的第一任老师，在教育幼儿的问题上尤其责任重大。《纲要》指出："教师和家长是幼儿社会学习的重要影响源。模仿是幼儿社会学习的重要方式，教师和家长的言行举止直接、间接地影响着幼儿，构成他们学习的榜样，成人要注意自己的言行，为幼儿提供良好的榜样。"幼儿辨别能力较弱，易受周围环境和事物的影响，特别是自己敬重的长辈们的影响。当幼儿受到外界不良事件影响时，家长要及时分析事件起因，引导幼儿确立正确的社会观，在对幼儿的教育上传递正能量。而教师则可以通过一系列的移情训练，引导幼儿产生关心、互助、分享等利他行为，进而促进幼儿的社会化发展。

指导策略：

一、榜样育情，激发动力

社会学习是一种跨越不同领域的综合学习，融合在各种学习活动中，并渗透于幼儿一日生活的各个环节之中。教师在平时选择图书时应有意识地选择一些助人为乐的书籍，给幼儿讲解助人为乐的重要性，还可以从网络上搜索一些助人为乐的故事，激发幼儿内在的同情心和帮助别人的动机。也可以邀请幼儿讲一讲自己在生活中遇到的事情，可以是自己帮助别人的，也可以是别人帮助自己的故事。

在一日生活活动之中，教师要随时捕捉幼儿帮助别人的行为，并及时给予表扬，这样能激发幼儿帮助别人的动力。或者开展一些亲子读书活动，邀请家长和幼儿一起扮演角色，表演助人为乐的动人故事，并在节日汇演时，向全园幼儿展演，带动全园幼儿学习助人为乐的精神。

二、以境育情，感受快乐

环境是重要的教育资源和儿童发展的条件。家庭是幼儿出生后的第一个生活环境，家庭教育是幼儿接受教育的开端。家长是幼儿的第一任老师，学习型家长能起到表率作用，给幼儿树立良好的榜样。而幼儿园是幼儿受教育的主要阵地，教师和家长密切配合，形成合力，能促进幼儿全面发展，健康成长。

教师要注意通过环境影响幼儿，比如在幼儿园有意识地为幼儿创造助人为乐的氛围，尊敬年长的教师、关心比自己弱的教师等，教师之间的言行时刻影响着幼儿。特别在班级幼儿生病住院的时候，教师给幼儿们讲述生病的小伙伴在医院很孤独，提问怎样帮助生病的小伙伴快乐起来。幼儿在这样的氛围中能感受到同伴之间关心、交往、共处的乐趣，培养幼儿对人亲近、友爱的态度，学会帮助同伴排忧解难。家庭环境教育也是很重要的，家长要注意营造和谐、平等、相互尊重的家庭氛围，爸爸妈妈孝敬爷爷奶奶，爸爸关心、照顾妈妈，在充满爱的家庭环境里潜移默化地教育幼儿学会关爱他人。

三、加强沟通，共育快乐

《纲要》指出："家长是幼儿园教师的重要合作伙伴。应本着尊重、平等、互惠的原则，吸引家长主动参与幼儿园的教育工作。"教师要向家长介绍幼儿园的保育教育工作，争取家长的理解、支持和参与；家园配合，使幼儿在园获得的学习经验能够在家庭中得到延续、巩固和发展；同时，使幼儿在家庭获得的经验能够在幼儿园的学习活动中得到应用。家长是教师最好的合作者，没有谁比父母更了解幼儿，家长与教师的配合使教育计划的可行性、幼儿园课程的适宜性、教育的连续性和有效性等都能更好地得到保证。

毛毛的教育案例教师可以在班级家长群里以主题的形式供家长们讨论，让家长们积极发表自己的看法。引导家长明白有些事情在家庭中最好不要当着幼儿的面讨论，给幼儿创造纯净的家庭教育环境。

平时家庭成员教育幼儿的要求要一致，做父母的要培养好幼儿的独立性，自己能做的事情自己做。要有意识地创造机会让幼儿为父母等长辈们做力所能及的事，让幼儿帮助身边的亲人。如父母回到家，请幼儿为父母拿拖鞋，将包放在固定的地方；帮助爷爷奶奶倒垃圾等，让幼儿从帮助别人中获得快乐体验。也可以引导家长鼓励幼儿学会分享，比如与小伙伴合看一本书，有的幼儿语言能力发展比较好，可以请他当小老师讲述书中的内容，这样既发展了语言能力，也增强了自信心，又满足了同伴的要求，大家都收获了快乐。

四、无偿服务，获得快乐

《纲要》指出："幼儿园应与家庭、社会密切配合，共同为幼儿创造一个良好的成长环境。"父母可以利用节假日带幼儿到儿童福利院去看望孤儿、残疾儿童，赠送幼儿自己不穿的衣服、图书、绘画用品等物品，与他们一同游戏、唱歌、表演节目。也可以定期带幼儿到福利院去做义工帮助那些孤寡老人，不求任何回报，从中让幼儿了解社会是个和谐的大家庭，并让幼儿为那些老人做力所能及的事。还可以了解大学生哥哥姐姐到贫困地区无偿服务、免费教学，去了解那些贫困山区儿童的生活，学会感恩，学会勇于承担责任和关心、帮助他人。教师和家长要帮助幼儿在学习中成长，挖掘潜力，提升能力，更好地适应社会需求，实现自身发展价值。

不是你想的那样

江苏省无锡市马山中心幼儿园　徐一辰

案例描述：

一天，自由活动时间，幼儿们在区域里自主游戏，突然传来大声哭喊的声音，只见睿睿和奇奇两个男孩正扭打在一起。教师立即冲过去拉开他们，但是两名幼儿都挂了彩，奇奇在睿睿脸上咬了一口，留下一个深深的牙齿印，而睿睿则在奇奇脸上用指甲挖出一道伤痕。带班教师让保育员带伤口较严重的睿睿去医务室，自己则留下来调查事情的原委。奇奇语言能力发展较慢，不能用完整清晰的语言表达事情的经过，通过询问在场的其他幼儿，了解到他们是因为抢小汽车起的争执，但是是睿睿先动的手。

放学时奇奇是由奶奶来接，睿睿由爷爷来接，睿睿爷爷着急着带幼儿坐公交车回家，就让教师联系睿睿妈妈，教师只能先将奇奇奶奶单独留下来交流。听完事情发生的经过，奇奇奶奶脸色变得十分难看，并大声骂道："他怎么可以把我家奇奇抓成这样，明天我要来教训他。"奇奇奶奶情绪非常激动，教师先安抚她的情绪，为了避免家长之间发生冲突，经过反复劝说，尤其当奇奇奶奶得知睿睿脸上的伤更严重一些时，才勉强答应不把事情闹大。

通过平时与睿睿妈妈关于教育观念的沟通与交流，教师知道睿睿妈妈属于偏执型家长，于是晚上电话沟通时有意不说奇奇的名字，就怕睿睿妈妈知道后去找奇奇以及奇奇家长的麻烦。但是听完事情的经过，睿睿妈妈只关心咬伤睿睿那名孩子的名字，为了保护奇奇，教师无论如何也不愿意把奇奇的名字告诉睿睿妈妈，睿睿妈妈非常生气，在电话里骂了整整半小时，直至把教师骂哭才善罢甘休，并扬言第二天会到幼儿园把事情弄清楚。

第二天，睿睿妈妈果然来到幼儿园，但是她并不是来找奇奇的"麻烦"，而是很冷静地跟奇奇讲起了道理，最后还告诉奇奇："咬人是不对的，如果下次睿睿再打你，你告诉阿姨，阿姨来批评他。"奇奇懵懂地点了点头，教师让两名幼儿当着睿睿妈妈的面互相道歉，就这样一场风波平息了，教师想象中的暴风骤雨并没有来临。

案例分析：

睿睿是班里的"名人"，开学不到两周全班幼儿的家长都知道了这号人物。他是一个任性、调皮的男孩子，力气也很大，喜欢用"武力"解决问题，伤人事件时有发生，班主任为此头疼不已，常常与他的妈妈沟通睿睿打人的问题。

在沟通中睿睿妈妈反复强调，睿睿管不住手，喜欢推人打人，但是都没有恶意，并不是想欺负谁，而是不小心做了"坏事"，比如睿睿想提醒某个小朋友该上课了，但是力气大了点就不小心把小朋友推倒了，等等，就这样好心办了坏事。而奇奇一直由奶奶照顾，奶奶十分溺爱幼儿，在处理有关幼儿的问题上有些蛮不讲理，常常为了幼儿之间的小纠纷跑到教室对别人的孩子大声谩骂。出于对两个幼儿家长的基本认识，在事件发生后，教师采取了一对一与当事幼儿家长沟通的方法，对于刻意隐瞒奇奇的名字，本意是想避免两个不理智的家长碰在一起激化矛盾，让事情往更坏的方向发展。然而，教师的处理方式并没有达到预期的效果，奇奇奶奶只是勉强答应不把事情闹大，而睿睿妈妈则是非要自己亲自出马，用她认为可行的方式解决了问题。

整个事件中，教师把事情复杂化了，同时最后也在奇奇奶奶和睿睿妈妈心中埋下了不信任的种子。教师仅凭与睿睿妈妈为数不多的几次沟通就认定睿睿妈妈是一名缺乏理性的家长，甚至为之定义为蛮不讲理、偏执型家长，这其中带有太多的个人主观色彩。带着这种偏见去解决问题，加上与之沟通中又有意隐瞒奇奇的名字，这让睿睿妈妈感觉是在"告状"，以为教师在袒护对方幼儿，对睿睿有成见，觉得有失公平，这才导致睿睿妈妈非常生气。

指导策略：

一、客观公平处理，取得家长信任与支持

每个教师都希望家长对自己充满信任感，能安心、放心地把幼儿交到自己的手中，从而积极配合自己的各项工作。将心比心，家长也渴望教师的理解与信任，希望教师能公平对待每一位幼儿。所以，在处理家长问题时，教师不能用自己的主观判断来主导，而要从客观事实着手，公平客观地对待事件，不偏袒任何一方，尊重家长的意愿和想法，取得家长的信任。

幼儿之间出现打闹情况，家长对教师有意见在所难免，教师在与家长交流时语气要委婉中肯，不要让家长觉得教师是在"告状"，从而产生误会，甚至反感教师。在与家长交流幼儿错误行为的时候，要注意交流的技巧，既要让家长正视幼儿的错误行为，又要让家长心悦诚服地听取自己的意见和建议，从

公平公正的角度向家长分析说明整个事件，耐心细致地向家长解释，如实而婉转地向家长反映情况，让家长感受到教师对幼儿的关心与爱护，交流中既要让家长看到自己的诚恳态度，又要让家长看到自己在工作中的不易之处，取得家长的支持。

二、家园共育，共促幼儿发展

幼儿园新《纲要》指出："幼儿园应与家庭、社会密切配合，共同为幼儿创造一个良好的成长环境。"有研究表明，家长改变自己的教养态度能够帮助和改善幼儿的行为问题，使幼儿在集体生活中逐步调节自己的行为。我们应通过丰富多彩的形式开展家园共育工作，转变家长的教养态度和教养行为。

首先，多途径宣传科学的家庭教育观念。例如：通过定期召开"家长会"向家长传播正确的家庭教育方法；利用"网上家长学校""班级主页"等网络平台，增强家长与家长之间的沟通，分享彼此的育儿经验，与此同时增强教师与家长之间的个别交流，向家长介绍行为问题对幼儿健康成长及其未来发展的危害，与家长共同探讨干预幼儿行为问题的策略。

其次，开展特色亲子活动，提高家园共育的质量。例如：组织开展"舌尖上的美食节"，邀请家长作为志愿者和幼儿一起制作饼干；"元旦亲子登高乐"与幼儿共同克服困难，攀登高山；家长半日活动邀请家长作为校外辅导员，体验教师半天的工作……家长通过这些亲子活动，亲身观察幼儿在幼儿园的表现，多方位了解自己的孩子，并与其他孩子进行行为比较，清楚地了解与认识自己孩子的行为问题。亲子活动有助于拉近家长与教师的距离，增进彼此的理解与信任，更有利于教师与家长交流科学、正确的教育观念，建立和谐融洽的家园关系。

最后，营造温馨的家园共育氛围，改善幼儿的行为问题。组织"感恩"系列活动，教师与家长协同合作打造班级大家庭的温馨氛围，让有行为问题的幼儿感受来自外界的温暖，陶冶情操，逐步改善自己的行为。教师和家长双方相互配合，根据幼儿的行为变化及时调整指导策略，认可幼儿的点滴进步，逐渐改善幼儿的行为问题。